KB109685

IJS 서울대학교 일본연구소
Reading Japan **11**

천황의
전쟁 책임

봉인 · 망각과 왜곡 · 미화의 역사인식

저 자 : 박진우

제이앤씨
Publishing Company

책 을 내 면 서

　　서울대 일본연구소는 국내외 저명한 연구자와 다양
한 분야의 전문가를 초청하여 각종 강연회와 연구회를 개
최하고 있습니다. 〈리딩재팬〉은 그 성과를 정리하고 기록
한 시리즈입니다.

　　〈리딩재팬〉은 현대 일본의 정치, 외교, 경제, 역사,
사회, 문화 등에 걸친 현재적 쟁점들을 글로벌한 문제의
식 속에서 알기 쉽게 풀어내고자 노력합니다. 일본 연구
의 다양한 주제를 확산시키고, 사회적 소통을 넓혀 나가
는 자리에 〈리딩재팬〉이 함께하겠습니다.

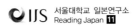

서울대학교 일본연구소
Reading Japan **11**

차 례

제1장
왜 천황의
전쟁 책임을
묻는가?

- '과거의 전쟁'에서 국가의 책임을 인정하
- 고 '사죄'와 '반성'을 되풀이하면서도 당
- 시 신권적인 존재로서 국가권력의 최고
  정점에 자리하고 있던 '대원수' 천황의
  전쟁 책임을 부정하는 모순을 안고 있는
  한 일본의 역사인식에 내재된 근본적인
  문제점은 결코 해소되지 않을 것이다.
  그런 의미에서 천황 사후 4반세기가 지
  난 시점에서 천황의 전쟁 책임을 논하는
  의미는 아직도 청산되지 않고 있는 역사
  인식의 봉인, 은폐된 부분을 절개하여
  비추어내는 작업이라고 할 수 있다.

왜 천황의 전쟁 책임을 묻는가?

1. '일왕'(日王)인가 '천황'인가

한국에서는 일본의 '천황' 호칭을 사용하지 않고 아예 '일왕'이라고 부르기를 고집한다. 매스컴은 물론이고 역사를 전공하는 사람들도 '천황'이라는 호칭을 사용하는데 거부감이 강하다. 물론 '천황'을 굳이 '일왕'이라고 부르는 심정을 이해 못 할 바는 아니다. 고대 선진문물을 일본에 전파했다는 문화적 우월감, 일본의 식민지지배에 대한 민족적 자존심, 일본의 역사 왜곡에 대한 민족적 반감 등이 반일적인 국민 정서를 형성하고 그것이 조선의 '왕'보다 우위를 나타내는 '천황'이라는 칭호에 거부감을 느끼게 하였을 것이다.

그러나 '천황'이라는 호칭은 역사적으로 만들어진 용어이기 때문에 그대로 사용하는 것이 옳다. 역사적으로 일본에서 '천황'이라는 호칭이 사용되기 시작한 것은 고대국가가 확립되던 7세기경부터의 일이며, 그전에는 '대왕(大王)'이라고 표기하고 '오키미'라고 불렀다. 그 후 무사정권이 지배하던 근세에는 천자(天子), 운상(雲上), 금중(禁中), 금리(禁裏), 미카도(御帝) 등과 같이 궁궐 안에 사는 고귀한 존재라는 의미를 나타내는 여러 가지 용어로 불리다가 메이지유신 이후 '천황'으로 통일되어 지금까지 사용되어 오고 있다. 이처럼 천황이라는 호칭은 일본의 역사과정 속에서 변화를 겪으면서 정착되어 온 고유명사이다. 따라서 '천황'이라는 호칭을 사용한다고 해서 우리의 민족적 자존심이 상하는 것도 아니고 일본 천황에 대한 충성이나 존경을 나타내는 것도 아니다. 그래도 '천황'이라고 부르기 싫으면 '히로히토'라든가 '아키히토'라는 식으로 이름을 부르면 되지 애써 '일왕'이라고 없는 말을 만들어 부를 필요는 없다. 일본에서는 '천황'에 대하여 존경을 나타낼 때는 '폐하'라는 수식어를 붙여 '천황폐하'라고 부른다. 명성황후를 '민비'라고 낮추어 부르고 침략을 '진출'이라고 바꾸어 정당화하는 일본 우익들의 입장에서 본다면 우리가 '천황'을 '일왕'으로 바꾸어 부르는 것을 도리어 왜곡이라고 논박할지도 모른다. 침략은 어디까지나 침략이고 천황은 어디까지나 천황이다.

또 한 가지 '천황제'라는 용어에 대해서도 짚고 넘어가자. 천황제라는 용어는 1928년 일본공산당이 정치운동 과정에서 근대 일본의 국가 권력을 집약하는 개념으로 사용하기 시작했다. 일본 공산당은 1922년 최초의 강령초안 제1항에 '군주제 폐지'를 내세웠으며, 1928년 제1회 보통선거에서도 같은 슬로건을 내세우고 정치운동을 전개하는 과정에서 '군주제 폐지'가 '천황제 타도'라는 표현으로 바뀌었다. 이후 코민테른 '32년 테제'의 독일어 텍스트 'Monarchie'가 '천황제'로 번역되어 "일본에서의 구체적인 정세의 평가에 즈음하여 출발점이 되어야 할 첫 번째 사항은 **천황제**의 성질 및 비중"이라고 하여 그 중요성이 강조되었다. '천황제'라는 용어는 혁명 운동의 타도 대상을 명확히 하기 위해 사용하기 시작한 개념인 것이다.

이 용어가 일반 국민들 사이에 널리 사용되기 시작한 것은 패전 직후 천황제 폐지 여부를 둘러싸고 논란이 된 이후의 일이며 발생사적으로는 비판하는 측이 만들어 낸 용어였다. 따라서 역사연구에서 '천황제'는 기본적으로 비판적인 관점에서 분석 대상으로 삼는 경우가 대부분이다. 그러므로 천황과 황실에 존경심을 가지고 옹호하는 쓰다

소기치(津田左右吉)의 경우 천황제는 "공산당이 자의적으로 만들어낸 가공의 허위에 지나지 않는 것"으로 용어 사용 그 자체를 거부했다. 만약 천황제를 '일왕제'라고 부른다면 그 의미가 반감되어버릴 뿐만 아니라 연구나 분석대상도 명확하게 전달되지 않을 것이다.

2. 천황의 전쟁 책임과 한국

천황제와 한국은 역사적으로 매우 오랜 관계를 가진다. 특히 고대천황제국가의 형성은 한반도와 분리해서는 이야기 할 수 없을 정도로 밀접한 관계에 있다. 8세기 초에 편찬된 『고사기(古事記)』, 『일본서기(日本書紀)』의 신화는 '신국' 일본과 천황의 신권적 권위성을 강조하고 있으며 이는 이후의 역사과정에서 한반도에 대한 일본의 우월성을 뒷받침하는 근거로서 되풀이해서 재생산됐다. 근세 이후 조선에 대한 '신국' 일본의 우월성을 강조하는 논리는 대외적인 위기가 심화하기 시작하는 18세기 말부터 한층 빈번하게 등장하고 있으며, 그것은 또한 에도시대 말기부터 급속하게 부상하는 천황상과 밀접하게 결부되어 '정한'(征韓)을 정당화하는 논리로 전개되었다. 메이지

유신 이후 신화를 근거로 창출된 천황제이데올로기는 천황의 신권적 절대성을 강조함과 동시에 조선에 대한 일본의 민족적 우월감과 멸시관을 사상적인 배경으로 하고 있었다.

조선에 대한 우월감과 멸시관은 근대 국민국가 형성 과정에서 천황제이데올로기와 불가분의 관계에서 정착되어 갔으며, 그것은 1910년의 '한국병합에 관한 조약' 제1조에서 "한국 황제 폐하는 한국에 관한 일체의 통치권을 완전하고도 영구히 일본국 황제 폐하에게 양도한다"고 되어 있듯이 천황의 존재를 매개로 현실이 되었다. '한국병합'은 조선인을 천황이 지배하는 황국(皇國) 일본의 '충량한 신민'으로 편입하는 출발점이 되었다. 이후 식민지 지배기를 통해서 조선인은 천황에 대한 절대적인 충성과 복종을 강요당했으며 황민화정책기의 강제동원, 강제노역, 일본군위안부 등은 천황의 '일시동인'(一視同仁)과 '내선일체'(內鮮一体)라는 이름으로 자행되었다. 그런 의미에서 일본 식민지지배의 최고 책임은 천황제에 있으며 그 최고 책임자는 곧 천황이었다. 따라서 한국에서 일본의 전쟁 책임을 이야기할 때 그것은 궁극적으로 천황의 전쟁 책임을 포함하는 것이어야 한다.

그런데 한국에서는 일본의 전쟁 책임에 관해서 식민

지지배 문제와 함께 수없이 많은 논란을 되풀이해 왔지만, 천황의 전쟁 책임 문제에 관해서는 거의 무관심한 수준에 머물고 있다. 한국 대통령이 일본을 공식 방문할 때마다 천황의 '사과' 발언에 관해서 한일 양국에서 비상한 관심이 쏠렸지만 그것은 천황의 전쟁 책임에 대한 '사과'가 아니라 일본의 식민지지배에 대한 '사과' 발언이며, 그마저도 양국의 정치적인 이해관계를 배경으로 나온 발언이었다.

물론 여기서 한국 정부가 천황의 전쟁 책임 문제를 적극적으로 제기해야 한다고 주장하는 것은 아니다. 근대 일본에서 절대적인 권위와 신권적인 존재로서 군림했던 천황은 패전 후 신헌법에 의해 정치적인 권한을 상실하고 '상징'적인 존재에 머물고 있다. 그럼에도 불구하고 여전히 일본에서 천황에 대한 비판은 금기에 가깝다. 따라서 한일관계의 정치적인 차원에서 천황의 전쟁 책임 문제를 전면에 내세우는 것은 결코 바람직하지 않다. 그러나 역사적인 사실에 대한 진실은 우리가 알아야 한다. 그것은 과거의 역사를 통해서 미래의 거울로 삼을 수 있기 때문이다.

3. 천황의 전쟁 책임을 논하는 의미

일본에서 쇼와 천황(이하에서는 특별한 경우를 제외하고는 '천황'으로 표기함)의 전쟁 책임에 대한 실증 연구가 본격적으로 크게 심화한 것은 1980년대 중반 이후의 일이었다. 그것은 천황의 고령화에 따라 예견되는 'X 데이'(쇼와 천황은 1901년생) 상황과, '쇼와의 종언'을 전후하여 일본열도를 석권한 '과잉자숙'의 사회적인 분위기 속에서 천황의 전쟁 책임을 은폐하고 평화주의자로 미화하는 이데올로기 공세에 대한 비판적인 대응으로서 전개되었다. 특히 1989년 천황 사후 새롭게 공개, 간행된 천황 측근의 1차 자료들은 '15년 전쟁기'(1931년 만주사변부터 1945년 패전까지)에 천황이 얼마나 적극적이고 주도적으로 전쟁지도에 관여했는지를 밝히는 데 중요한 실마리가 되었다. 그리고 1990년대 이후에는 천황이 전쟁에 구체적으로 어떻게 관여했는지에 관한 문제에 그치지 않고 천황의 전쟁 책임이 어떻게 면책되었는지에 관한 문제를 미국 측의 책임을 포함하여 국민국가의 틀을 넘어선 범위에서 규명하려는 연구가 심화하여 왔다.

그렇다면 일본 현대사 연구에서 이미 천황의 전쟁 책

임이 명백히 밝혀진 상황에서 새삼 천황의 전쟁 책임을 논하는 의미는 어디에 있을까. 그것은 무엇보다도 히로히토 천황이 자신의 전쟁 책임에 매듭을 짓지 않고 역사의 무대에서 사라졌기 때문이다. 그로 인하여 히로히토 사후에도 전쟁 책임을 봉인하고 은폐하려는 움직임은 계속되고 있으며 그것이 궁극적으로는 역사적 사실까지도 왜곡하고 있다는 점에서 결코 간과할 수 없는 문제점을 안고 있다. 현실적으로도 일본정부는 1990년대 중반 이후 일본의 침략전쟁과 가해 책임을 공식적으로 인정하고 불충분하나마 '사죄'와 '반성'을 되풀이해 왔지만, 천황의 전쟁 책임에 관한 한 일본 현대사 연구에서 이미 '통설'이 된 '상식'조차도 무시되고 있다. 일본의 매스컴에서도 1990년대 이후 일본 현대사의 연구 성과를 바탕으로 '과거의 전쟁'에 관한 기획특집을 되풀이하고 있지만, 천황의 전쟁 책임에 관한 한 학계의 '통설'과 '상식'은 거의 반영되지 않고 있다. 오히려 이 문제를 봉인하고 역사의 진실을 왜곡하는 역할을 주도하고 있다고 해도 과언이 아니다.

그러나 '과거의 전쟁'에서 국가의 책임을 인정하고 '사죄'와 '반성'을 되풀이하면서도 당시 신권적인 존재로서 국가권력의 최고 정점에 자리하고 있던 '대원수' 천황의 전쟁 책임을 부정하는 모순을 안고 있는 한 일본의 역사

인식에 내재된 근본적인 문제점은 결코 해소되지 않을 것
이다. 그런 의미에서 천황 사후 4반세기가 지난 시점에서
천황의 전쟁 책임을 논하는 의미는 아직도 청산되지 않고
있는 역사인식의 봉인, 은폐된 부분을 절개하여 비추어내
는 작업이라고 할 수 있다.

　본 연구에서는 이러한 문제의식을 바탕으로 천황의
전쟁 책임을 일본 국민이 어떻게 인식해 왔는지, 그리고
그러한 인식의 배후에는 천황의 전쟁 책임에 대한 자각적
인 의식화를 가로막는 봉인과 은폐의 메커니즘이 어떻게
작용해 왔는지를 일본 현대사의 흐름 속에서 검토해 보고
자 한다.

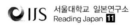

서울대학교 일본연구소
Reading Japan 11

제2장
천황제와 천황의 전쟁 책임

● 국민의 의식 속에 천황의 전쟁 책임 문제
● 는 여전히 개운치 않은 응어리를 남기고
있었다. 다만, 일본 국민의 대부분이 내
심으로는 '있다'고 생각하면서도 이를 표
면적으로 추궁하려 하지 않고 제각기 자
신의 기억 속에 묻어왔다는 것이 실상에
가까울 것이며, 이것이 바로 일본의 국민
성과 천황제가 가지는 특징이라고 할 수
있을 것이다.

천황제와 천황의 전쟁 책임

1. 일본의 패전과 천황의 면책

　　패전에 즈음해서 일본 지배층이 가장 심각하게 우려한 것은 연합국으로부터 천황의 전쟁 책임을 추궁당하고 천황제가 폐지될 위기사태를 어떻게 극복할 것인가 하는 문제였다. 일본 지배층에게 천황제 폐지는 일본의 국가멸망 그 자체를 의미하는 것이었기 때문이다. 패전 직후의 혼란을 수습하기 위해 황족으로서 최초로 수상이 된 히가시쿠니 나루히코(東久邇宮稔彦)가 '일억총참회'를 제창하여 모든 국민이 패전에 대한 책임을 지자고 한 것은 천황의 전쟁 책임을 추궁하는 분위기를 미리 막기 위한 것이었다.

현실적으로 연합군에 의한 일본 점령이 시작되면서 천황의 전쟁 책임을 추궁하는 목소리가 내외에서 분출하고 있었다. 당시 미국의 갤럽이 실시한 조사에 의하면 60% 이상의 미국인이 천황의 처벌을 요구하고 있었다(처형 33%, 재판 17%, 종신금고형 1%, 유배 9%, 무죄 4%, 천황이용 3%, 기타 23%). 또한 극동국제군사법정(일명 도쿄재판)이 준비되는 과정에서 호주 정부가 작성한 전범 리스트에는 7번째에 천황 히로히토(Hirohito)의 이름이 올랐다. 일본 국내에서도 정치적 탄압에서 해방된 일본공산당이 천황제 폐지와 천황의 전쟁 책임을 선두에서 추궁하고 있었다. 심지어 천황제를 지지하는 측에서도 천황이 도의적으로 책임을 지고 퇴위해야 한다는 목소리가 조심스럽게 제기되고 있었다.

이러한 위기상황에도 불구하고 천황제는 폐지되지 않았고 천황은 전쟁 책임을 추궁당하지 않고 면책되었다. 어떻게 이런 일이 가능했을까. 일본 패전 직후 천황과 천황제의 운명을 좌우할 수 있는 가장 큰 권한은 미국에 있었다. 그리고 미국 정부가 그 막강한 권한을 점령군 사령관 맥아더에게 일임한 것은 천황과 일본 정부로서는 커다란 행운이었다. 맥아더와 그 주변의 참모들은 수구적인 반공주의자로 블록을 형성하고 있었다. 그들은 일본에서 공산세력을 억제하고 효과적 점령 통치를 위해서는, 천황을 군사재판에 회부하고 천황제를 폐지하는 극약 처방보다는 대다수 일본인의 천황에 대한 숭배와 경애심을 이용하는 편이 도움이 된다고 판단했다. 한편 일본의 보수지배층이 패전 직전부터 공포에 가까울 정도의 위기감을 가지고 있었던 것은 패전에 의한 혼란과 이 때문에 야기될 공산 혁명이었다. 반공주의라는 점에서 미 점령군과 일본 당국자들은 완전한 일치를 보고 있었던 것이다. 냉전체제로 주어진 이러한 여건들이 양자의 '담합'에 의한 천황의 전쟁 책임 면책과 천황제의 존속으로 이어졌으며, 그 배경에는 대다수 일본 민중의 천황에 대한 변함없는 경애와 순종이 있었다.

천황의 전쟁 책임을 면책하기 위한 미 점령군과 일본 정부의 정치공작은 주로 3가지 측면에서 전개되었다. 그 가운데 하나는 도쿄재판에 대비하여 천황이 전쟁에 관여하지 않았다는 것을 입증하기 위해 천황의 독백록을 작성하는 일이었다. 천황의 독백록은 1989년 천황이 죽은 직후『쇼와 천황독백록』[1]으로 공개되었는데 그것이 최초로 문서화 된 것은 도쿄재판이 진행 중이던 1946년 6월이었

---

1) 寺崎英成・マリコ・テラサキ・ミラー編, 『昭和天皇独白録 寺崎英成御用掛日記』, 文藝春秋, 1991.

다. 그 작성의 목적은 천황이 전쟁 지도에 적극적으로 관여하지 않았다는 것, 그리고 천황은 전쟁에서의 무력한 희생자였다는 것을 변명하는 기록을 남겨 천황을 도쿄재판으로부터 보호하는 일이었다. 물론 그 배후에는 천황을 점령통치에 이용하려는 맥아더의 암묵적인 양해가 있었다.

두 번째로 천황의 전쟁 책임을 면책하고 천황제를 존속하기 위해서는 천황의 '신격'을 부정할 필요가 있었다. 미국은 일본과의 전쟁에서 일본인들의 광신적인 천황숭배를 확인했으며, 그것은 천황을 '현인신(現人神)'으로 맹신하게 한 국가신도의 이데올로기 때문이라고 보았다. 따라서 맥아더는 미국을 비롯한 연합국의 천황에 대한 부정적인 이미지를 탈피하기 위해서는 천황 스스로 자신의 '신격'을 부정할 필요가 있다고 판단하고 일본 정부에 이를 암시했다. 이러한 정치적 의도를 배경으로 1946년 1월 1일 천황은 라디오 방송을 통해서 직접 육성으로 자신의 '신격'을 부성했다. 이른바 '인간선언'이 바로 그것이다.

세 번째는 군국주의시대 '대원수 천황'의 이미지를 탈피하여 전쟁과는 무관한 서민적인 이미지의 천황상을 보여주는 것으로 그 구체적인 작업은 천황의 전국순행에서 구현되었다. 1946년 2월부터 대대적이며 장기적으로 전개된 천황의 전국순행은 전쟁 책임을 봉인하는데 그치지 않고 국민통합의 구심으로서, 또한 신 일본 부흥의 상징으로서 천황의 존재감을 내외로 향하여 유감없이 과시하는 것이었다. 군복을 벗은 천황은 소박한 양복 차림에 중절모를 쓰고 평범한 중년 신사의 모습으로 전국 각지의 노인시설, 전쟁유족, 병원시설, 노동현장 등을 누비면서 전쟁에 지친 국민들을 격려했다. 천황이 가는 곳마다 국민들의 열광적인 환영을 받는 모습은 세계각지에 타전되었으며, 그것은 군국주의시대 전쟁지도자로서의 천황의 이미지를 탈바꿈하는데도 효과적이었다.

천황 면책을 위한 정치공작을 배경으로 1946년 4월 29일 천황의 생일에 공표된 'A급 전범' 기소장에는 '히로히토'라는 천황의 이름이 빠져있었다. 그리고 1948년 12월 23일 황태자(현재의 천황)의 생일에 'A급 전범' 7명에 대한 사형집행이 종료하면서 천황은 도쿄재판에 대한 무거운 심리적인 압박에서 벗어날 수 있었다. 'A급 전범' 기소가 천황의 생일에 공표되고 그들에 대한 교수형이 황태자의 생일에 집행되었던 것이 미 점령군의 의도에 의한 것인지 알 수 없는 일이지만 기묘한 우연의 일치였다.

2. 천황의 '독백록'

　　도쿄재판에 소환될 경우를 대비해서 작성된 『쇼와 천황독백록』에서 천황은 자신이 입헌군주로서 행동해 왔다는 점을 일관해서 강조하고 있다. 그것은 곧 내각과 통수부에서 결정한 정책이나 견해에 대해서 천황 개인으로서는 이의가 있어도 비토권(veto)을 행사하지 않았다는 것을 의미한다. 독백록에서 천황은 1928년의 만주군벌 장작림(張作林)폭살사건과 관련해서 자신의 '젊은 혈기'로 다나카 기이치(田中義一) 수상을 질타하여 내각이 총사직한 점을 반성하고 이후 내각이 상주하는 것은 설령 자신의 의견과 달라도 재가하기로 했다고 술회하고 있다.

　　그 후 자신은 군부의 독주를 억제하고 평화를 유지하기 위해 노력했지만, 입헌군주로서의 제약으로 인하여 자신의 의사를 관철하지 못했다는 점을 강조하고, 미국과의 전쟁에 대해서도 자신은 개전에 반대였지만 입헌군주로서 정부와 통수부의 일치된 의견을 인정하지 않을 수 없었다는 점을 거듭 강조하고 있다. 당시 미국이 가지는 가장 일반적인 의문은 천황의 결단으로 저 엄청난 전쟁을 멈추게 할 수 있었다면 왜 개전을 막지 못했는가 하는 점이었다. 독백록은 다분히 이 점을 의식하여 입헌군주로서의 입장을 강조하고 만약 자신이 정부의 결정을 거부했다면 군대에서 반란이 일어나고 더욱 광폭한 전쟁으로 돌입하여 일본은 멸망했을지도 모른다고까지 말하고 있다. 그리고 자신의 의사로 사태가 수습된 1936년의 2·26 쿠데타에 대한 진압 명령과 1945년 8월 14일의 포츠담선언 수락에 관해서는 내각과 정부기관이 결정을 내릴 수 없는 상황이었기 때문에 스스로 결단을 내리지 않을 수 없었다고 한다.

그러나 이렇게 입헌군주로서의 입장을 강조하고 있음에도 독백록에서는 천황이 전쟁에 얼마나 깊이 관여하면서 정치적인 지도력을 발휘하고 있었는지를 논증해 주고 있다. 그 내용을 보면 당시 천황은 내외의 정세에 통달하고 있었으며, 내각의 인사에도 적극적으로 관여하고 있었다. 천황에게 전쟁 책임이 없다고 주장하는 입장에서는 독백록을 근거로 천황은 평화주의자이며 전쟁의 희생자라고 주장하고 있지만, 대부분 역사학자들은 오히려 독백록이 천황의 적극적인 전쟁 관여를 입증해 주고 있다는 점에 주목하고 있다. 천황이 도쿄재판에 대비해서 변명하기 위해 준비한 자료가 현대사 전문가들에게는 천황의 전쟁 책임을 논증할 수 있는 자료가 되고 있는 것이다.

3. 자신의 전쟁 책임을 봉인하는 천황

천황은 평화주의자이며 입헌주의에 충실한 입헌군주로서, 패전에 즈음해서는 '성단(聖斷)'으로 비참한 전쟁을 멈출 수 있었다는 신화는 천황제를 지키고 천황의 전쟁 책임을 봉인하기 위해 만들어진 것이었다. '성단' 신화는 패전 직전부터 천황 측근을 중심으로 천황제를 지키기 위한 수단으로 은밀하게 준비되고 있었지만, 패전 후에는 천황 자신도 신화의 창출에 적극적으로 가담하고 있었다. 천황은 단지 독백록에서의 변명에 그치지 않고 기회가 있을 때마다 일관해서 자신이 얼마나 평화를 희구하고 입헌 정치에 충실했는가를 강조하면서 주의 깊게 군부와 자신과의 관계에 선을 그어 왔다.

예를 들면 1948년 9월 미국 기자단과의 회견에서,

"일본에서 민주주의는 새로운 이념이 아니라 고래로부터의 많은 가르침과 관습 속에서 발견할 수 있다……국민과 격의 없이 만나는 것은 오래전부터 내가 희망하던 바이다. 지위(地位)의 민주화에 의해 이 희망이 가능하게 된 것은 실로 기쁘다."[2]

---

2) 『每日新聞』, 1948. 5. 3.

라고 하여 민주주의가 천황제의 오랜 전통 속에 존재하고 있었다는 점을 강조하고,

"짐은 진주만의 선전조칙을 도죠(東条)가 그것을 이용하는 의미에서 할 생각은 없었다. … 짐은 무력(武力)으로 항구적인 평화는 수립할 수 없으며 유지할 수도 없다고 믿고 있다."[3]

라고 발언했다. 이처럼 군부와 자신과의 사이에 선을 긋고 스스로를 '평화주의자'로 자처하는 논리는 이후에도 천황의 전쟁 책임 문제가 분출할 때마다 되풀이됐다.

예를 들면 천황은 1976년 11월 '재위 50년 기념식전'을 앞두고 약 20분간 열린 기자회견에서 재위 50년의 감상을 묻는 질문에 대하여 "나는 항상 세계평화와 일본국의 발전, 국민의 행복을 기원해 왔습니다."라고 말하고, 50년간의 기쁜 일과 슬픈 일을 묻는 질문에 대해서는 "가장 기쁘게 생각하는 것은 비참한 전쟁을 경험했음에도 불구하고 우리나라가 훌륭하게 부흥한 일입니다. … 슬픈 일이라면 무엇보다도 제2차 세계대전입니다."[4]라고 답변하

---

3) 『朝日新聞』, 1948. 9. 28. 도죠는 진주만 공격 당시의 총리대신 도죠 히데키(東条英樹).
4) 『朝日新聞』, 1976. 11. 17.

여 자신과 전쟁과의 사이에 선을 그었다.

천황은 재위기간 말기에 해당하는 1980년대에 들어와서도 자신의 전쟁 책임을 봉인하는 발언을 되풀이했다. 1981년 4월 자신의 생일을 앞두고 열린 보도기관 대표와의 회견에서는 "지나치게 입헌정치에 구속받아서 전쟁을 방지하지 못했을지도 모른다"[5]고 했으며 1986년의 '재위 60년 기념식전'에서는 "쇼와 60년의 세월을 되돌아보고 지난 전쟁에 의한 국민의 희생을 생각할 때 아직도 가슴이 아프고 다시금 평화의 소중함을 통감합니다."[6]라고 하여 아시아의 희생을 배제한 채 일국평화주의적인 발언을 했다. 그리고 최후의 탄생일 기자회견이 되는 1988년에는 "제2차 세계대전은 가장 싫은 기억"[7]이라고 하여 마치 과거의 전쟁이 자신의 의지에 반하는 것이었다는 의미의 발언을 되풀이했다. 이처럼 자신의 평화 의지를 강조하면 할수록 군부나 전쟁과의 관계를 분리하고 부정하지 않으면 안 되는 모순된 논리의 패턴을 마지막까지 일관하고 있었던 것이다.

---

5) 『朝日新聞』, 1986. 4. 18.
6) 『朝日新聞』, 1986. 4. 30.
7) 『朝日新聞』, 1988. 4. 29.

4. '충성'과 '반역'

천황은 도쿄재판에 회부되지 않고 전쟁 책임의 멍에에서 벗어나는 과정에서 최고통수권자이자 전쟁지도자로서의 이미지를 탈피하고 신생국가 일본의 국민적인 경애를 한몸에 받는 천황, 전쟁에서 군국주의자들로부터 희생당한 천황, 위기와 격동을 헤치면서 국민을 위해, 그리고 평화를 위해 노심초사해 온 천황이라는 새로운 이미지로 탈바꿈하고 있었다.

그러나 국민의 의식 속에 천황의 전쟁 책임 문제는 여전히 개운치 않은 응어리를 남기고 있었다. 다만, 일본 국민의 대부분이 내심으로는 '있다'고 생각하면서도 이를 표면적으로 추궁하려 하지 않고 제각기 자신의 기억 속에 묻어왔다는 것이 실상에 가까울 것이며, 이것이 바로 일본의 국민성과 천황제가 가지는 특징이라고 할 수 있을 것이다. 그런 점에서 자신의 전쟁체험을 바탕으로 일관해서 천황의 전쟁 책임을 추궁한 오쿠자키 겐조(奧崎謙三, 1920~2005)나 와타나베 기요시(渡辺清, 1925~1981)와 같은 경우는 아주 드문 사례라 할 수 있다.

오쿠자키는 1943년 3월 뉴기니전선에 파견되었다가

굶주림과 말라리아로 수천 명의 전우들이 죽어가는 가운데 1944년 7월 호주군 포로가 되어 구사일생으로 생환한 '황군'이었다. 그는 귀환 후 천황의 사죄를 기대했지만 끝내 천황이 전쟁 책임을 지지 않고 전우들의 희생을 외면한 데 대하여 분노했다. 결국, 그는 분노를 참지 못하고 1969년 황궁을 개방하는 일반하례식에서 "야마자키! 천황을 쏴라!"고 죽은 전우의 이름을 외치면서 발코니에 있는 천황을 향하여 자신이 제조한 총을 쏘았다. 총알로 사용한 빠칭코 알은 천황에게 미치지 못하고 발코니 앞에 떨어졌다. 이후 발코니는 방탄유리로 바뀌었다. 오쿠자키는 현행범 체포되어 폭행죄로 1년 반의 형을 살았다. 오쿠자키는 석방 후에도 집요하게 천황의 전쟁 책임을 추궁했지만 아무도 돌보는 사람이 없는 가운데 2005년 노인병원에서 쓸쓸하게 생을 마감했다. 오쿠자키가 죽기 직전에 MBC 방송의 '광복 60년 특별기획'에서 수소문 끝에 그가 수용된 병원을 찾아가 인터뷰를 했다. 치매 증세를 보이던 오쿠자키는 천황의 전쟁 책임에 관한 한 기억이 또렷하게 되살아났다. 그러나 천황의 전쟁 책임을 운운하는 그의 모습은 일본 국민에게 정신병자로밖에 비치지 않았을 것이다.

　　와타나베는 1941년 16세의 나이로 해군에 지원한 충성스러운 '황국 소년'이었다. 그는 천황의 '충량한 신민'으로서 1944년 10월 불침전함(不沈戰艦)으로 세계에 자랑하던 무사시(武蔵)의 수병으로서 필리핀의 레이테전투에 투입되었다. 와타나베는 미군의 집중포화로 무사시가 격침할 때 수천 명의 전우를 잃고 구사일생으로 생환했다. 그는 패전 후 천황이 어떤 형태로든 사죄할 것이라고 기대하고 있었지만, 시간이 지나면서 천황에 대한 배신감만 더해갔다. 1946년 4월 20일 그는 자신의 일기에 천황과 대화하는 형태로 다음과 같이 적고 있다.

"저는 쇼와 16년(1941) 5월 1일 지원하여 수병으로서 당신의 해군에 들어갔습니다. … 저의 해군 생활은 4년 3개월 29일이지만 그동안 저는 군인칙유의 정신을 체득하고 충실하게 병사의 본분을 다해왔습니다. 전쟁터에서 당신을 위해 일편단심으로 싸운 것입니다. 그만큼 항복 후의 당신에게는 절망했습니다. 당신의 모든 것을 믿을 수 없게 되었습니다. 따라서 당신의 병사였던 지금까지의 인연을 끊기 위해 군 복무 중 당신에게서 받은 금품을 모두 반납하고자 합니다."[8]

와타나베는 군에서 받은 봉급 1,120엔 75전과 그 밖

---

8) 渡辺清,『砕かれた神ーある復員兵の手記』, 朝日新聞社, 1983.

에 군복, 군모, 군화, 모포, 장갑, 기타 등등 그리고 군 생활 중에 하사받은 담배까지도 모두 돈으로 환산하여 4,282엔을 천황에게 부치고 일기에 다음과 같이 끝맺고 있다.

"저는 이것으로 당신에게 아무것도 빚진 것이 없습니다."

그는 전후 일본이 여전히 해결하지 못하고 있는 문제를 천황의 전쟁 책임이라고 생각하고 천황에 대한 '충성'을 포기한 평범한 일본인이었다.

천황의 국민에 대한 '사과문서'는 끝내 공표되지 않고 있다가 패전 후 60년이 지난 2005년 8월 월간지 『문예춘추』에 공개되었다. 이 문서는 1952년 샌프란시스코강화조약을 전후해서 작성된 것으로 추정되는데, 발표의 적절한 시기를 잡지 못하고 미루는 사이에 새삼스럽게 대국민사과라는 그 자체의 의미가 희석되어 버리면서 역사의 피안에 파묻혀 버렸다. 그러나 천황과 일본정부가 국민에 대한 '사과문서'를 작성했다는 사실 자체를 두고 볼 때, 그것은 어떤 형태로든 국민에게 납득할 수 있는 형태로 책임을 질 필요가 있다고 인식하고 있었다는 것을 의미하고 있다. 그것은 또한 대다수 국민이 어떤 형태로든 천황의 사과가 있을 것이라고 막연하게 기대하는 분위기를 감지하고 있었기 때문이기도 할 것이다. 그런 의미에서 오쿠자키나 와타나베와 같은 사람은 자신의 생각을 직접 행동으로 표현한, 일본인으로서는 아주 드문 인간 유형이었다.

5. 잔존하는 근대천황제의 심성

패전 후 천황은 '평화주의자'라는 신화가 정착할 수 있었던 배경에는 단지 맥아더를 중심으로 한 GHQ와 일본정부와 '궁중그룹'으로 불리는 천황 측근의 담합뿐만 아니라 패전 후에도 여전히 천황에 대한 믿음과 경애심을 버리지 않는 대다수 국민이 있었기에 가능한 일이었다. 그리고 신화의 정착 과정에서 분출하는 천황제에 대한 비판과 천황의 전쟁 책임을 추궁하는 목소리에 대해서는 이를 '비국민'으로 배제하는 근대천황제의 심성이 여전히 기능하고 있었다. 그 단적인 사례의 하나는 천황이 교토대학을 방문했을 때 학생들이 이를 거부한 '교토대학사건'에 대한 일본 국민의 반응이며, 또 하나는 요시다 시게루(吉田茂) 수상의 중의원 예산위원회에서의 '비국민' 발언이었다.

1951년 11월 12일 천황이 교토대학을 방문했을 때

200여 명의 학생이 '평화의 노래'를 부르면서 천황의 방문을 저지하여 기동대와 경관 약 700명이 출동하는 사건이 발생했다. 당시의 매스컴은 일제히 이 사건을 '세기의 불상사'로 다루고 여론은 천황의 방문을 거부한 학생들을 '빨갱이'로 몰아갔다. 당시 독자의 투서란을 보면 "폐하를 순수한 마음으로 맞이할 수 없다면 일본 이외의 다른 곳으로 가라", "천황제가 있고 일본이 있다는 것을 모르는가. 모두 깡그리 소련으로 가라"는 식의 비난이 속출하고 있었다.[9] 천황제를 부정하는 자에게는 일본인의 자격이 없다는 형태로 '비국민'의 낙인을 찍고 일본 사회에 공존할 수 없는 존재로 배제의 대상이 되었다.

요시다 수상의 '비국민' 발언도 같은 심성이 작용한 것이었다. 1952년 1월 중의원 예산위원회에서 젊은 나카소네 야스히로(中曾根康弘)는 요시다 수상에 대하여 다음과 같은 취지의 질문을 했다.

"인간 천황이 된 천황은 과거의 전쟁에 대하여 매우 고뇌하고 계시는 것이 아닌가. 만약 천황에게 퇴위하고 싶다는 의향이 있을 경우에는 요시다 수상은 그것을 말려서는 안

---

9) 南博,「天皇制の心理的基盤」(『南博コレクション2 日本の社会と文化』, 勁草書房, 2001, 336~339쪽).

된다. 원래 이것은 천황 자신이 결정하시는 일이며 외부에서 이렇다저렇다 말할 문제는 아니다. 만약 그러한 것이 이루어진다면 일본 국민은 감명하고 전몰자 유족은 감읍하여 천황제의 기초인 도덕성이 강화, 확립되는 것이 아닌가."[10]

보수정치가 나카소네가 이런 취지의 질문을 한 것은 샌프란시스코강화조약으로 일본이 주권을 회복하는 중요한 시기를 앞두고 있다는 자각 아래 국민에게 남은 개운치 않은 감정에 결말을 지을 필요가 있다는 생각 때문이었다. 그러나 요시다 수상에게서 되돌아온 것은

"일본민족의 애국심의 상징이며 일본국민이 진심으로 경애하는 천황폐하 … 그 퇴위를 희망하는 것과 같은 자를 나는 비국민이라고 생각한다."

고 하는 비난이었다. 이 두 가지 사례는 천황, 천황제를 부정하거나 비판하는 이질적인 타자를 '비국민'으로 배제하는 근대천황제의 기본적인 속성이 여전히 남아 있다는 것을 여실히 말해주고 있다.

그리고 이윽고 샌프란시스코 강화조약 이후 1952년 5월 3일 황거 앞 광장에서 4만여 명의 군중이 운집한 가운

10) 朝日新聞取材班, 『戦争責任と追悼』, 朝日新聞社, 2006, 126~127쪽.

데 개최된 독립축하 기념식전에서 천황은 퇴위하지 않을 것을 내외에 선언했다. 당시 천황의 최측근으로서 'A급 전범'으로 스가모 형무소에 갇혀 있던 기도 고이치(木戸幸一)가 "뭔가 석연치 않은 공기"라고 말했듯이, 이후 천황의 전쟁 책임 문제는 애매하게 미봉된 채로 오랜 잠복기에 들어가게 된다. 그러나 천황의 전쟁 책임 문제가 국민의식 속에서 자연스럽게 소멸하여 간 것은 아니었다. 일본의 독립 이후에도 천황의 전쟁 책임 문제가 분출될 가능성은 상존하고 있었으며 이에 대응하여 전쟁 책임 문제를 봉인하려는 움직임도 끊임없이 지속하여 왔다.

특히 1948년 12월 24일 맥아더 점령군 사령관의 크리스마스특사로 석방된 'A급 전범' 용의자들이 정치 일선에 복귀한 것은 천황과 자신들의 전쟁 책임을 봉인하는 데 그치지 않고 과거의 침략전쟁을 정당화하는 역사인식에도 큰 영향을 미쳤다. 1952년 5월 2일 정부 주최의 '전국전몰자추도식'을 비롯하여 같은 해 10월 16일 천황의 야스쿠니신사 참배, 1957년 '기원절 부활법안'의 제출, 그리고 천황에 대한 경애심을 배양하는 역사교육의 강조 등은 모두가 천황의 복고적인 권위 부활에 그치지 않고 과거의 전쟁을 정당화하는 왜곡된 역사인식에 그 뿌리를 두고 있는 것이다.

제3장
천황의 전쟁 책임에 대한 여론조사가 의미하는 것

● 천황의 전쟁 책임에 관한 여론조사가 의
●
● 도적으로 봉인되어 왔다는 것은 그만큼
  천황의 전쟁 책임에 관하여 석연치 않은
  감정이 국민들의 의식 속에 남아있으며
  약간의 계기만 생기면 언제라도 표면으
  로 분출될 가능성을 안고 있었다는 것을
  의미한다. 그리고 공교롭게도 그 계기는
  항상 봉인하는 측이 제공해 왔다.

천황의 전쟁 책임에 대한 여론조사가 의미하는 것

1. 천황의 전쟁 책임을 봉인하는 여론조사

패전 직후 천황제에 관한 여론조사는 일본 정부 산하의 내각정보국이 GHQ(점령군총사령부)에 대하여 '국체호지'(國體護持 : 천황제를 지키는 것)를 호소하는 수단으로 시작되었다. 그래서 여론조사 항목에서 천황의 전쟁 책임을 직접 묻는 설문은 의도적으로 배제되었다.[1] 그 대신 1945년 11월에 설립된 내각정보국의 외곽단체 '일본여론조사연구소'를 비롯한 각 언론사의 여론조사에서는 천황

---

1) 佐藤卓己, 『輿論と世論──日本的民意の系譜学』, 新潮社, 2008, 278~279쪽.

제에 대한 높은 지지도를 수량화하여 그것이 다수 의견이라는 점을 되풀이해서 제시했다. 예를 들면 '일본여론조사연구소'에서는 '라디오 도쿄'의 좌담회 프로그램을 통해서 갖가지 주제에 관한 청취자의 투서를 모으는 방식으로 1946년 4월까지 10회의 여론조사를 하고 있었다. 이 가운데 1945년 11월 21일에는 천황제를 비판하는 입장의 일본공산당 지도자 도쿠다 규이치(德田球一)와 천황제를 옹호하는 입장의 중의원 의원 기요세 이치로(清瀬一郎)와 마키노 료조(牧野良三)의 3인에 의한 천황제 좌담회를 열고 이에 대한 여론조사를 했다. 여기서 회답자 총 3,348명 가운데 천황제 지지가 95%의 3,174명이며 천황제 부정은 5%에 지나지 않는 164명에 그쳤다[2]. 또한, 이듬해 5월 『마이니치신문』이 실시한 조사에서도 천황의 정치적 권한을 박탈하고 천황을 상징으로 규정한 신헌법 초안의 천황제를 '인정한다'가 85%, '인정하지 않는다'가 13%이며, 천황제 폐지에 대해서는 '반대'가 86%, '찬성'이 11%였다[3]. 2년 후 신헌법 공포로 상징천황제의 존속이 보장된 직후인 1948년에 『요미우리신문』이 한 여론조사에서도 상징천황제에 대하여 90.3%의 압도적 다수가 지지하고 있으며 폐지는

---

2) 『日本週報』, 1945. 12. 23.
3) 『毎日新聞』, 1946. 3. 6.

4.0%에 그치고 있었다.[4)]

천황의 퇴위에 관한 찬반을 묻는 여론조사는 천황의 전쟁 책임에 대한 민심의 동향을 간접적으로 살피는 수단으로 실행된 것으로 볼 수 있지만, 여기서도 천황제를 지지하는 여론의 동향이 반영되고 있었다. 1948년 '일본여론조사연구소'가 사회지도층 100명을 대상으로 한 조사[5)]에서는 전체 평균으로 '퇴위찬성'이 41.1%, '퇴위반대'가 53.0%였다. 그러나 『요미우리신문』이 일반인을 대상으로 천황의 퇴위에 관한 의견을 묻는 조사에서는 '재위하는 편이 좋다'가 68.5%, '퇴위하고 황태자에게 양위하는 편이 좋다'가 18.4%인데 비하여 '퇴위하고 천황제를 폐지하는 편이 좋다'는 4.0%에 지나지 않았다.[6)]

이후 천황제에 관한 여론조사는 매년 내각총리대신 관방홍보실과 각 언론기관에서 실행되어 왔지만 상징천황제에 대한 지지도나 천황 개인에 대한 호감도 등을 묻는데 그치고 있었다. 천황의 전쟁 책임에 관한 여론조사는 1970년대 중반까지 단 한 차례도 실행되지 않고 의도적으로 배제되고 봉인되고 있었다.

---

4) 『読売新聞』, 1948. 8. 15.
5) 日本世論調査研究所, 『世論調査レポート』, 第21号, 1948.
6) 『読売新聞』, 1948. 8. 15.

2. 천황의 전쟁 책임에 관한 여론조사

천황의 전쟁 책임에 관한 여론조사가 의도적으로 봉인되어 왔다는 것은 그만큼 천황의 전쟁 책임에 관하여 석연치 않은 감정이 국민들의 의식 속에 남아있으며 약간의 계기만 생기면 언제라도 표면으로 분출될 가능성을 안고 있었다는 것을 의미한다. 그리고 공교롭게도 그 계기는 항상 봉인하는 측이 제공해 왔다.

첫 번째 계기는 고도성장으로 자신감을 획득한 일본의 경제력을 배경으로 천황이 전면에 모습을 드러내면서 외부에서 먼저 분출되었다. 1971년 천황으로서는 최초로 유럽을 방문했을 때 영국과 네덜란드의 구포로 출신자들뿐만 아니라 심지어 제2차 세계대전에서 일본과 동맹국이었던 독일에서도 천황의 전쟁 책임을 추궁하는 목소리가 분출되었다. 1973년 역사학자 이노우에 기요시(井上淸)가 『천황의 전쟁 책임』을 집필한 것도 이러한 외부에서의 목소리에 자극받은 것이었다.

두 번째 계기는 1975년 천황이 미국 방문을 마치고 귀국한 직후에 열린 기자회견에서 천황의 전쟁 책임과 원폭투하에 대한 생각을 묻는 질문에 대하여 무책임한 답변을 한 것이 계기가 되었다. 천황은 유럽에서 전쟁 책임을 추궁당하는 혹독한 경험을 했지만, 미국방문에서는 극진한 대접을 받았다. 영국과 네덜란드는 일본과의 전쟁에서 자신들이 동남아시아에서 누렸던 제국의 영광을 상실했지만, 미국은 일본과의 전쟁에서 승리하면서 일본을 '속국'화하고 동아시아에서의 주도권을 장악할 수 있었기 때문이었다. 그런 의미에서 미국은 처음부터 천황의 전쟁 책임을 봉인하고 은폐하는데 적극적인 협력자였다. 그러나 그 봉인된 기억을 다시 불러일으킨 것은 귀국 후 기자회견에서 전쟁 책임에 관한 생각을 묻는 질문에 대한 천황의 엉뚱한 답변이 계기가 되었다.

그리고 세 번째는 1980년대 나카소네(中曾根康弘) 내각이 국가주의 교육을 강화하기 위한 일환으로 히노마루·기미가요의 강제, 야스쿠니신사 참배 등과 같이 천황제이데올로기를 강화하는 데 대한 반발과 1980년대 후반 천황의 사망을 계기로 천황의 전쟁 책임 문제가 분출되었다. 1988년 12월 나가사키 시의회에서 시장이 천황에게 전쟁 책임이 있다고 발언하여 전국적으로 파장을 불러일으킨 것은 그 상징적인 사건이다.

이상의 계기를 배경으로 천황의 전쟁 책임을 묻는 여론조사를 한 것이 표1)과 같이 『교도통신(共同通信)』과 『지지통신(時事通信)』이었다. 1975년과 1976년의 조사는 다분히 미국방문 이후의 기자회견을 배경으로 한 것이며, 1984년, 1986년, 1988년과 1989년의 조사는 천황제이데올로기가 강화되는 세 번째 계기를 배경으로 한 것이다. 특히 1980년대 후반에는 천황의 죽음을 전후해서 천황을 '평화주의자'로 미화하는 움직임에 대항하여 천황의 전쟁 책임을 추궁하는 목소리가 전에 없이 거세게 분출되면서 국민들의 관심을 환기하고 있었다. 1989년에 표2)와 같이 『아사히신문』과 『마이니치신문』에서도 천황의 전쟁 책임에 대한 여론조사를 실시한 것은 이러한 상황을 배경으로 하고 있다. 그러나 1989년의 조사를 마지막으로 지금까지 천황의 전쟁 책임에 관한 공식적인 여론조사는 하지 않고 있다.

표1) 『교도통신』과 『지지통신』의
천황의 전쟁 책임에 관한 여론조사(단위 : %)

교도통신				지지통신				
	1975	1984	1989		1976	1986	1988	1989
전쟁 책임은 없다	36	25	28	전쟁 책임은 없다	36	34	37	29
어느 쪽도 말할 수 없다	21	42	43	다소 있다	38	39	37	45
전쟁 책임은 있다	36	25	24	전면적으로 있다	6	8	9	7

				무관심, 무응답 (모르겠다 포함)	20	19	17	19
무관심, 무응답	7	8	5					

* 『共同通信』1975년과 1984년, 『時事通信』1976년과 1986년은 西平重喜, 『世論調査による同時代史』, プレース出版, 1987년, 208쪽 참조. 『共同通信』1989년과 『時事通信』1988년, 1989년은 内閣総理大臣官房広報室編, 『世論調査年鑑 — 全国世論調査現況』, 総理部, 1989년, 1990년을 참고로 정리.

표2) 『아사히신문』과 『마이니치신문』의 천황의 전쟁 책임에 관한 여론조사(단위:%)

아사히신문(1989.2.8)		마이니치신문(1989.4.29)	
전쟁 책임은 없다	31	전쟁 책임은 없었다	35
어느 쪽도 말할 수 없다	38	모른다	29
전쟁 책임은 있다	25	전쟁 책임은 있었다	31
무관심, 무응답	6	무관심, 무응답	5

* 『朝日新聞』은 전국 20세 이상의 3,000명을 대상으로 한 개별면접 청취방법으로 실시, 회수율 80%(2,385人).
『毎日新聞』도 같은 방법으로 회수율74%(2,225人).

먼저 표1)의 조사결과를 구체적으로 검토해 보면 『교도통신』과 『지지통신』의 어느 쪽도 '전쟁 책임은 없다'의 수치가 조금씩 감소하는 경향을 보이고 있는 것을 알 수 있다. 그것은 봉인되어 오던 천황의 전쟁 책임 문제가 조금씩 표면으로 분출된 결과라고 말할 수 있을 것이다. 그러나 여기서 더욱 주목되는 것은 『교도통신』의 1975년 조사에서 '전쟁 책임은 있다'가 36%였던 것이 1984년의 조사에서는 11포인트 감소한 25%이지만, '어느 쪽도 말할 수 없다'가 21%에서 42%로 두 배 증가하고 있는 점이다.

　이처럼 '전쟁 책임은 있다'가 감소하고 '어느 쪽도 말할 수 없다'가 많이 증가하고 있는 현상은 일본정부와 매스컴에 의한 대대적인 천황미화 캠페인이 영향을 미친 부분도 있겠지만 보다 근본적으로는 천황의 전쟁 책임에 대한 일본인의 애매하고 유보적인 태도를 반영한 것으로 볼 수 있다. 이와 관련해서 『지지통신』의 조사에서는 '다소 있다'로 답한 사람이 매번 가장 많은 비중을 차지하고 있으며 1976년에 38%였던 것이 1989년에는 45%까지 증가하고 있는 부분이 주목된다. 즉 『교도통신』에서 '어느 쪽도 말할 수 없다'고 답한 입장과 『지지통신』에서 '다소 있다'고 답한 입장과의 사이에는 다소 공통된 '애매하고 유보적인 태도'가 있다고 볼 수 있다. 그것은 1989년의 『아사히신문』과 『마이니치신문』의 조사 결과를 통해서도 추론할 수 있다.

　표2)를 보면 『아사히신문』과 『마이니치신문』 모두 천황의 전쟁 책임에 관해서 '없다', '없었다'가 '있다', '있었다' 보다 높은 수치를 보이고 있지만 '어느 쪽도 말할 수 없다'와 '모른다'도 역시 높은 수치를 보이고 있는 것은 표

1)의 조사와 공통된 부분이다. 이처럼 '어느 쪽도 아니다'와 '모른다'와 같은 답이 많은 비중을 차지하고 있는 것은 곧 천황의 전쟁 책임에 대하여 분명하게 말하지 않는 일본인의 '애매하고 유보적인 태도'를 말해주는 것이다.

1989년을 마지막으로 천황의 전쟁 책임에 대한 공식적인 여론조사는 지금까지 하지 않고 있다. 다만『아사히신문』이 2006년에 실시한 '도쿄재판'에 관한 여론조사의 결과를 통해서 간접적이기는 하지만 천황의 전쟁 책임에 대한 최근의 인식을 엿볼 수 있다. 표3)은 군부, 천황, 정치가, 보도기관, 국민 가운데 각각 어느 정도의 전쟁 책임이 있다고 생각하는지를 묻는 질문에 대하여 복수 선택으로 답한 것인데, 이 가운데 '어느 정도 책임이 있다'는 항목에서 천황이 가장 높은 42%를 차지하고 있으며 '극히 무거운 책임'의 16%와 '무거운 책임'의 22%를 합친 38%보다 높은 수치를 보이고 있다. 이처럼 천황의 전쟁 책임에 대하여 명확한 태도를 보이지 않고 애매하게 답하고 있는 부분은 지금까지의 조사와 같은 맥락에서 이해할 수 있을 것이다.

표3) 각긱 어느 정도 전쟁 책임이 있다고 생각하는가

(복수선택, 단위 : %)

	극히 무거운 책임	무거운 책임	어느 정도 책임	책임은 없다
군부	54	2	14	2
정치가	47	30	15	2
보도기관	18	20	40	12
천황	16	22	42	15
국민	4	8	39	43

* 『朝日新聞』2006. 4. 14~4. 16.

3. '대중적 동의' 형성의 이데올로기

이제까지 천황의 전쟁 책임에 관한 여론조사의 데이터를 검토해 보았으나 더욱 세부적으로 들어가면 연령별, 성별, 학력별, 직업별, 지역별 등으로 각각 차이를 보이고 있다. 이 가운데서도 가장 두드러진 차이를 보이는 것은 연령별로 나타나는 격차이다. 특히 연령별로 보면 젊은 세대에서 천황의 전쟁 책임과 천황제에 대한 비판적인 입장은 기성세대에 비해서 두드러지게 나타나고 있다.

예를 들면 1962년 도쿄대학 법학부생 1,563명을 대상으로 한 의식조사에서 천황제폐지가 57%이며 현상유지는 39%에 지나지 않았다.[7] 이는 일반인을 대상으로 한 여론조사에서 천황제 폐지가 10%를 넘는 경우가 거의 없는 것과 비교해 보면 커다란 격차라고 할 수가 있다. 젊은 층의 천황제에 대한 비판적인 시선은 1988년부터 1989년에 걸쳐 '쇼와의 종언'이 진행되는 과정에서 더욱 두드러지게 나타나고 있다.

사회학자 이토 기미오(伊藤公雄)가 간사이(関西) 지역 대학생 120명을 대상으로 한 개별조사(1989. 1. 10~1. 13)에 의하면 천황에게 '어떤 형태로든 전쟁 책임이 있다'가 81.6%인데 비하여 '전쟁 책임은 없다'가 5.8%, '어떤 이유를 제시하여 전쟁 책임은 없다'가 10%였다.[8] 또한 역사학자 오기노 후지오(荻野富士夫)가 1988년 오타루(小樽) 상과대학에서 '역사학'을 수강하는 322명의 대학생을 대상으로 한 개별조사에서도 천황에게 '전쟁 책임 있다'가 68%, '전쟁 책임은 없다'가 16.5%, '어느 쪽도 말할 수 없다'가 15.5%였다.[9] 이 밖에 수도권 8개 대학의 대학생 의식조사에서도 50%에 가까운 학생이 천황에게 전쟁 책임이 있다고 답하고 있으며,[10] 심지어 나가사키의 사립고교에서

---

7) 『法学セミナー』, 1962. 7.
8) 栗原彬・杉山光信・吉見俊哉, 『記録・天皇の死』, 筑摩書房, 1992, 221~222쪽.
9) 荻野富士夫, 「学生の「天皇戦争責任」観」(『歴史地理教育』, 447, 1989, 10).

673명의 고교생을 대상으로 한 의식조사에서도 천황에게 전쟁 책임이 '있다'가 45.6%, '없다'가 15.8%였다.[11] 천황의 전쟁 책임에 대한 젊은 층의 비판적인 태도는 천황제의 지지도를 묻는 여론조사에서도 그대로 반영되고 있다.

그렇다면 젊은 층의 천황제에 대한 비판적인 태도는 장래에 기성세대가 되어서도 견지된다고 볼 수 있을까. 사이토 미치가즈(斉藤道一)는 1960년대 중반 젊은 층의 천황제에 대한 비판적인 경향에 주목하여 장래에 '반감'과 '무관심'의 증가를 초래하여 천황제의 위기가 도래하리라고 예측했지만, 그것은 섣부른 판단이었다.[12] 사이토의 분석은 1960년대 중반에 이루어진 것이지만 그 후 반세기가 지난 지금까지 천황제에 대한 여론조사의 추이를 보면 그러한 징후는 전혀 발견되지 않고 있다. 실제로 젊은 층의 상징천황제에 대한 비판적인 경향은 전후의 여론조사에서 일관해서 나타나는 현상이지만, 상징천황제에 대한 지지율도 또한 전후 일관해서 80% 이상의 높은 수치를 나타내고 있다. 2000년대에 들어와『아사히신문』이 실시한 상징천황제에 대한 여론조사만 보더라도 2002년에 83%,

---

10)『朝日新聞』, 1989. 3. 9.
11) 朝日新聞社編,『昭和天皇報道』, 1989(1988년 10월 26일자 보도 내용).
12) 斎藤道一,「世論調査にみる天皇観」(『現代の目』1966. 2, 161쪽).

2003년에 86%, 2004년에 83%와 같이 일관해서 높은 지지율을 보이고 있다.[13] 또한 2009년 NHK가 실시한 국민의식조사에서도 85%가 상징천황제를 지지하고 있었다.[14]

사회학자 사토 다쿠미(佐藤卓己)는 사이토의 견해에 대하여 1966년 당시의 청년이 이미 60세를 넘고 도시화, 고학력이 진행한 오늘날의 천황관에 대한 여론조사에서도 '호감'과 '반감'의 분포구조가 거의 변화를 보이지 않고 있는 점을 지적하면서, '미치붐'과 같은 황족 이벤트와 이른바 '주간지천황제'가 여론에 미친 영향이 클 것이라고 설명하고 있다.[15] 그러나 젊은 층이 기성세대가 되면서 천황제에 대한 인식이 '반감'에서 '호감', '긍정'으로 변화하는 것을 단순히 황실 이벤트나 '주간지천황제'의 영향으로 설명할 수 있을까. 이 문제와 관련해서 사토는 천황제의 여론조사 결과를 분석하는 이론으로서 독일의 저명한 여론조사연구자 E.노이만의 '침묵의 나선'이라는 가설을 인용하고 있다. 여기서 '침묵의 나선'이란 선거의 예측과 결

---

13) 『朝日新聞』의 조사는 각각 2002년 12월, 2003년 1월, 2004년 5월에 한 것.
14) NHK放送文化研究所編, 『現代日本人の意識構造』, 第7版, 日本放送出版協会, 2010.
15) 佐藤卓己, 『輿論と世論——日本的民意の系譜学』, 新潮社, 2008, 283쪽.

과를 분석해서 도출한 메디아의 강력한 효과론이다. 즉 인간은 '고립에 대한 공포'를 본능적으로 가지고 있기 때문에 자신의 의견이 다수파라고 판단할 때는 적극적으로 논의하지만, 소수파라는 것을 자각할 때는 침묵한다는 것이다.[16]

사토는 이러한 가설을 '쇼와의 종언'에서 나타난 자숙 현상의 여론 형성을 설명하는 데도 유효한 정의라고 설명하고 있다. 그러나 과연 전후 일관해서 변화를 보이지 않는 상징천황제에 대한 높은 지지율을 '미치붐'이나 '쇼와의 종언'이라는 특정한 시기에 발생한 현상으로 일반화할 수 있을까. 오히려 그것보다는 사이토가 국민의식을 상징천황제로 향하여 '사육하는 조작'[17]이라고 지적했듯이 천황제 지지의 배경에 '대중적 동의'[18]가 형성되어 가는 이데올로기적인 측면에 주목할 필요가 있지 않을까. 즉 상징천황제에 대한 '대중적 동의'를 유지하고 증식해 가기 위해서는 마이너스 요인을 주의 깊게 봉인하지 않으면 안 된다. 그러므로 천황의 전쟁 책임 문제가 표면화할 때마

---

16) 위의 책, 290~291쪽.
17) 앞의 논문, 「世論調査にみる天皇観」, 167쪽.
18) '대중적 동의'의 사회적인 의미에 관해서는 小林直樹, 『日本における憲法動態の分析』, 岩波書店, 1963의 제4장 「象徴天皇制の国民意識」 참조.

다 그것을 봉인하기 위한 신화가 되풀이해서 재생산되어
온 것이다. 특히 '쇼와의 종언'에 즈음해서 천황의 전쟁 책
임 문제가 일거에 분출할 때에는 단순한 봉인에 그치지
않고 역사적인 사실을 미화하고 왜곡하는 단계로까지 발
전하게 되는 것이다. 다음에는 이러한 천황의 전쟁 책임
문제에 관한 분출과 봉인의 상호작용을 전후사의 흐름 속
에서 개관해 보기로 하자.

서울대학교 일본연구소
Reading Japan 11

제4장
천황의 전쟁 책임 문제
– 분출과 봉인의 상호작용

● 천황의 전쟁 책임은 애매한 형태로 봉인
●
● 되고 있었기 때문에 어떤 계기가 생기면

　언제라도 분출할 가능성을 안고 있었다.

　그것은 1970년대에 천황이 직접 등장하

　면서 표면화되었다.

천황의 전쟁 책임 문제
– 분출과 봉인의 상호작용

1. 천황의 유럽 방문과 전쟁 책임 문제의 분출

천황의 전쟁 책임은 애매한 형태로 봉인되고 있었기 때문에 어떤 계기가 생기면 언제라도 분출할 가능성을 안고 있었다. 그것은 1970년대에 천황이 직접 등장하면서 표면화되었다. 1968년의 도쿄올림픽과 1970년의 오사카 만국박람회는 일본의 고도성장과 자신감을 상징하는 이벤트였다. 이러한 자신감을 배경으로 천황은 1971년 유럽 방문에 나서게 된다. 그러나 천황의 외유를 계기로 일본에서 봉인되어 오던 천황의 전쟁 책임 문제가 외부에서 분출되고 그것이 다시 되돌아와서 일본 국내에서 천황의 전생 책임 문제를 둘러싼 논의를 불러일으키게 된다.

유럽 방문에서 천황의 전쟁 책임 문제가 분출하리라는 것은 어느 정도 예상한 일이었지만 현실은 보다 심각했다. 특히 영국과 네덜란드에서는 구포로 출신자들을 중심으로 격렬한 항의 데모가 있었다. 영국에서는 천황의 기념식수가 뽑히는 사건이 있었지만, 식물원에서는 이를 고발하지 않았다. 영국의 타블로이드는 천황을 히틀러와 같은 '비열한' 전쟁 범죄인이라고 단정하고 다음과 같이 논평했다.

"천황 히로히토가 가는 곳마다 흥이 깨지는 분위기에 휩싸였다. 그것은 강력한 웅변의 침묵, 영국을 대변하는 침묵이었다."[1]

구포로 출신자들의 반감은 히로히토 사후 10년이 지난 1998년 5월 그의 아들 아키히토 천황이 영국을 방문했을 때에도 항의데모로 나타났다. 영국의 일간지 『Independent』에서는 아키히토 천황이 방문하기 전인 5월 3일 자 일요판에 'Can you forgive them?'이라는 표제로 아키히토와 3

---

1) *Daily Mirror*, 6 Oct. 1971(ケネス・ルオフ, 『国民の天皇－戦後日本の民主主義と天皇制－』, 共同通信社, 2003, 206쪽).

명의 살인범의 사진을 실은 기사를 게재하여 반감을 표명했다.[2]

네덜란드에서의 반응은 한층 격렬했다. 네덜란드인들은 "히로 히틀러 돌아가라!"라고 적힌 플래카드를 내걸고 히로히토와 히틀러는 같은 전쟁범죄인이라는 인식으로 천황의 전쟁 책임을 추궁했다. 또한, 천황과 황후가 탑승한 승용차에 보온병이 날아와 앞유리에 금이 가기도 했다.[3] 천황 일행이 투숙하는 호텔 앞에서는 700명 정도의 군중이 히노마루를 태우면서 항의하고 그 가운데는 상복을 입은 여성의 모습도 보였다.[4] 일본은 '국제친선'을 '황실외교'의 명분으로 내세웠지만, 유럽 각국에서 천황의 전쟁범죄를 추궁하는 목소리는 간단하게 사라지지 않았다.

당시 유럽 방문을 수행한 이리에 스케마사(入江相政) 시종장이 남긴 기록에 의하면 천황은 방문에 항의하는 분위기를 이미 각오하고 있었다. 그러나 현지에서 항의에 직면한 천황은 이리에를 불러 다음과 같이 지시하고 있다.

---

2)『産経新聞』, 1998. 5. 21.
3)『毎日新聞』, 1971. 10. 9, 석간.
4)『毎日新聞』, 1971. 10. 10.

"지금의 일을 일본의 신문, 방송이 크게 다루지 않도록 해라. 이것으로 이곳 사람들은 다소 화풀이가 되었을 것이다. 그러나 이것을 일본에서 대대적으로 보도하면 친선의 열매는 맺어지지 않게 되어 버린다. 이 취지를 잘 전하도록 하라."[5]

천황은 '친선'을 명분으로 자신의 전쟁 책임 문제가 국내에서 분출되는 것을 우려하고 있었다. 그러나 천황의 우려와 달리 일본의 매스컴은 유럽 방문에서의 진상을 크게 다루지 않았다. 오히려 매스컴에서는 유럽에서의 전쟁 책임 추궁을 축소 은폐하고 이를 성공적인 황실외교로 왜곡 보도했다. 특히 매스컴이 강조한 것은 '잘못된 일본관을 바로잡는 절호의 기회. 폐하는 최고의 신사, 유럽의 민중에게 알리기를', '덴마크의 "학자천황", 해양생물학자와 환담', '변하는 유럽의 천황상, 성실성에 시민들 호감', '폐하의 인품에 늘어나는 "팬"', '인품이 성과를 낳아', '인품에 깊은 감명' 따위와 같이 '학자천황'의 '성실한 인품'이었다.[6] 주요 일간지의 전체적인 보도 자세는 천황의 유럽 방문을 성공적인 '황실외교'로 미화하고 천황의 '성실'한

5) 岸田英夫, 『天皇と侍從長』, 朝日文庫, 1986, 251쪽.
6) 『每日新聞』, 1971. 9. 28, 10. 9, 10. 14, 『読売新聞』, 1971. 9. 29, 『朝日新聞』, 1971. 10. 6, 10. 12.

'인품'을 강조하여 '전후의 매듭'에 성과를 거둔 것으로 평가하는 점에서 공통적이었다.

2. 천황의 미국 방문과 전쟁 책임의 봉인

유럽 방문에서의 경험은 1975년의 미국 방문에서 반면교사가 되었다. 물론 천황의 미국 방문은 미·일 간의 정치적 의도를 배경으로 실행된 것이지만, 이를 계기로 '평화애호가'이자 '인간 천황'의 이미지를 미국인들에게 전하는 데 중점을 둔 것은 유럽 방문 이상으로 치밀했다.

천황은 방미 직전인 1975년 9월 20일 『News week』와 회견하고 9월 22일에는 재경외국인 기자단과 회견했으며 그 후 NBC CBS, ABC, 『Times』 등과 6차례 인터뷰를 했다. 천황이 방미할 당시 미국 언론의 주된 관심은 진주만 공격에 대한 책임이 누구에게 있는가 하는 문제였지만 천황은 일관해서 전쟁에 반대했으며 군부의 독주가 개전의 원인이 되었다는 취지의 발언을 했다. 결국, 천황의 미국 방문은 미국의 두터운 호의로 전쟁 책임을 봉인하는 결정적인 기회가 되었다. 미국에서 정치에 관여하지 않는 '학자 천황'의 이미지는 "전시 중에 히틀러나 무솔리니와 같은 부류로 인식되고 있던 히로히토상을 타파하는데 효과적"[7] 이라는 호평을 받을 정도였다. 특히 화이트하우스에서의 다음과 같은 천황의 연설은 미국에서 '진주만의 원한'이 대부분 없어진 것으로 평가[8]되었듯이 미국과의 전쟁에 대한 기억을 봉인하고 미일관계를 더욱 돈독히 하는 역할을 했다.

"저는 오랫동안 귀국의 방문을 염원해 왔습니다만, 만약 그것이 실현되면 다음과 같은 말을 반드시 귀국민에게 전하고 싶다고 생각하고 있었습니다. 그것은 제가 깊이 슬퍼하는(I deeply deplore) 저 불행한 전쟁 직후에 귀국이 우리나라의 재건을 위해 따뜻한 호의와 원조를 베풀어 주신 점에 대하여 귀국민에게 직접 감사의 말씀을 드리는 것이었습니다."[9]

천황의 미국 방문에 관한 일본 매스컴의 활약은 유럽 방문과는 비교가 안 될 정도로 찬미일변도로 전개되었다. 마츠우라 소조(松浦総三)가 "'WHY'와 'HOW'도 없는 전형

---

7) 佐道明広, 「〈皇室外交〉にみる皇室と政治－日本外交における 〈象徴〉の意味－」(『年報近代日本研究』20号, 1998, 219쪽).
8) 앞의 논문, 「〈皇室外交〉に見る皇室と政治－日本外交における 〈象徴〉の意味－」, 220쪽.
9) 『朝日新聞』, 1975.10., 3 석간.

적인 보도"[10]라고 비난했듯이 천황을 미화하는 획일적인 보도의 전형은 이 시기에 거의 완성되었다. 당시 주요 일간지의 관련 기사를 보면 '천황 방미와 국민적 우호', '양 폐하의 방미와 미·일 양국의 우호', '천황폐하의 방미에 생각한다. 전쟁의 상처에 종지부를', "폐하의 성실한 인품을 보고 미국 국민은 커다란 호감을 느끼고 맞이할 것" 등[11]과 같이 천황의 방미를 미일 우호에 성공적인 성과를 거둔 것으로 극찬하고 천황의 전쟁 책임 문제를 봉인하는 역할을 주도했다. 또한, 주요 일간지에서는 천황과 황후를 맞이하는 미국의 대대적인 환영체제를 연일 사진과 함께 지면을 장식하여 마치 미국 국민 전체가 천황 일행의 방문에 비상한 관심을 가진 것처럼 보도하고, '인품', '학자 천황', '평화주의'를 되풀이하면서 천황의 이미지를 미화하여 전쟁 책임은 물론이고 천황 방미의 정치적 의미까지도 은폐하는 역할을 했다. 이때 완성된 매스컴의 천황보도는 1980년대 후반 '쇼와의 종언'을 전후해서 나타나는 천황미화 보도에 그대로 계승되어 갔다.

---

10) 松浦総三, 『マスコミの中の天皇』, 大月書店, 1984, 191쪽.
11) 『朝日新聞』, 1975. 9. 28, 『産経新聞』, 1975. 9. 29, 『毎日新聞』, 1975. 9. 29, 사설, 『日本経済新聞』, 1975. 9. 30, 사설.

3. 천황의 기자회견 "문학 방면은 잘 몰라"

그러나 천황의 전쟁 책임은 여전히 국민의식 속에 잠재하고 있었다. 미국 방문에서 돌아온 직후에 열린 일본기자클럽의 공식기자회견에서 예정에 없던 전쟁 책임과 원폭투하에 대한 관련 질문이 나온 것이 그것을 단적으로 말해준다. 1975년 10월 31일 천황이 방미에서 귀국한 직후 황거에서 오후 4시경부터 시작된 기자회견을 주최한 것은 신문, 방송, 통신 142사가 가맹하는 일본기자클럽이었다. 질문 내용은 일본기자클럽 가맹사 간부와 궁내청기자회, 재경(在京)사회부장회 등이 협의하여 작성한 후 사전에 궁내청에 제출되었다. 다만 사전에 제출된 질문과 관련이 있는 내용의 경우 별도의 질문이 가능했다. 참석기자는 궁내청 기자회의 상주기자 14명, 일본기자클럽 가맹사에서 추천으로 출석이 인정된 27명, 일본주재 외국 기자를 대표하는 5명, 그리고 일본기자클럽 4명의 합계 50명이었다.

천황과의 회견 중에 촬영, 텔레비전 녹화, 녹음이 모두 인정된 것은 이때가 처음이었다. 회견 중 사전에 제출된 질문 가운데 "재위 중 가장 힘들고 슬프다고 생각한 것은 어떤 것입니까?" 하는 질문에 대하여 천황은 "그것은 두말할 나위도 없이 제2차 세계대전이라고 생각합니다. 나는 이처럼 슬픈 일이 다시는 일어나지 않기를 기원하고 있습니다."라고 답변했다. 이때 영국 『타임즈』의 일본인 베테랑기자 나카무라 야스지(中村康二, 당시 57세)가 천황의 답변에 대한 관련 질문을 요구하여 다음과 같은 역사적인 질문을 했다.

> "천황폐하는 화이트하우스에서 '내가 깊이 슬퍼하는 저 불행한 전쟁'이라는 말씀을 하셨습니다. 그것은 전쟁에 대하여 책임을 느끼고 계신다는 의미로 해석해도 좋은지요. 그리고 폐하는 이른바 전쟁 책임에 관하여 어떻게 생각하고 계시는지 여쭙고 싶습니다."

뜻밖의 예상치 않은 질문에 한순간 망설임을 보이던 천황의 입에서는 듣는 이의 귀를 의심하는 발언이 튀어나왔다.

> "그런 말의 표현에 대해서 나는 그런 문학 방면은 그다지 연구도 하지 않고 있어서 그 문제에 대해서는 대답할 수 없습니다."

회견장에 있던 모든 사람이 심적인 동요를 느꼈겠지만 다른 질문이 계속되었고 원폭투하에 대한 발언도 예정에 없던 관련 질문에서 나왔다. 질문을 한 것은 히로시마 태생의 쥬고쿠방송 도쿄지사의 아키노부 도시히코(秋信利彦, 당시 40세) 기자였다. 이에 대해서도 천황은 히로시마 시민들의 기대에 어긋난 발언을 했다.

"원자폭탄이 투하된 것에 대해서는 유감으로 생각하고 있습니다만, 전쟁 중에 일어난 일이기 때문에 아무래도 히로시마 시민에게는 안 된 일이지만 부득이한 일이라고 나는 생각합니다."[12]

천황의 답변이 얼마나 황당한 것이었는지 시인 이바라키 노리코(茨木のり子)는 즉흥시에서

30년에 하나
당치도 않은 블랙 유머[13]

라고 읊었다. 패전 후 27년간 꽘에 고립되어 있다가

---

12) 이상의 회견내용과 과정의 상세에 관해서는 上丸洋一, 「A級戰犯合祀不快発言と天皇の戰争責任」中, 『AIR21』2006. 10 참조.
13) 위의 논문, 110쪽.

생환한 요코이 쇼이치(橫井庄一)는 1972년 당시 『선데이 마이니치』와의 인터뷰에서

"내가 27년간 꽘에 고립되어 있었던 일이나 전쟁 책임에 관하여 천황폐하를 원망하지 않습니다. 비판도 안 합니다."[14]

라고 말했다. 그러나 1975년 텔레비전을 통해서 천황의 발언을 듣고 자신의 심경을 다음과 같이 토로했다.

"천황폐하는 실로 의외의 발언을 했습니다. 나는 천황폐하의 적자(赤子)로서 폐하의 명령으로 전쟁터에 나간 것이라고 정말 그렇게 생각했습니다. 그런데 전쟁은 군부가 시작했다. 나는 노(No)라고 말할 수 없었다고 합니다. … 솔직히 말해서 실망했습니다."[15]

회견 직후 당시 우사미 다케시(宇佐美毅) 궁내청 장관이 "직접 질문하시는 일은 있어도 질문을 받으시는 일에는 익숙하지 않기 때문에 생각하고 계시는 것을 충분하게 말씀하시지 못한 아쉬움이 있다."[16]라고 말한 것은 천

---

14) 橫井庄一, 「はじめて明かすわが妻、天皇、戦争」(『サンデー毎日』, 1972. 12. 27, 33쪽).
15) 「天皇発言への日本人20人の意見」(『週刊朝日』, 1975. 10. 10, 18쪽).
16) 『朝日新聞』, 1975. 11. 1.

황의 발언이 적절하지 않았다는 것을 궁내청도 간접적으로 인정한 것이었다.

여기서 또 한 가지 전쟁 책임과 원폭투하에 대한 중요한 두 질문을 모두가 일본의 비주류 언론사의 기자가 했다는 것은 매우 중요한 의미가 있다. 바꾸어 말하자면 그들이 일본의 대표적인 언론사의 기자였다면 개인의 개성과 무관하게 질문 자체가 불가능했을 것이다. 그만큼 일본 언론의 천황, 천황제에 대한 보도의 자주 규제는 철저하다.

기자회견 3주 후 중의원 내각위원회에서도 천황의 발언이 문제 되었다. 사회당의 노다 데츠(野田哲) 의원은 원폭투하가 부득이했다는 인식을 천황이 가지는 것은 정부와 궁내청이 그런 식으로 조언과 보좌를 하고 있기 때문이 아닌가 하고 추궁했다. 이에 대하여 궁내청 차관 도미다 도모히코(富田朝彦)는 "당시 폐하께서는 그것을 멈출 수가 없었기 때문에 유감이라는 의미를 말씀하신 깃"[17]이라고 답변했다.

그러나 천황의 전쟁 책임과 원폭투하에 관한 발언은 더 이상 문제가 되지 않았다. 당시 주요 일간지의 보도 내

---

17) 앞의 논문, 「A級戦犯合祀不快発言と天皇の戦争責任」中, 111쪽.

용을 요약하면 표4)와 같다. 『아사히신문』과 『마이니치신문』에서 히로시마, 나가사키 원폭 피해자들의 심정을 간단하게 언급한 것(굵게 표시한 부분)을 제외하면 모두 천황의 전쟁 책임을 축소, 봉인하는 데 중점을 두고 있다는 것을 알 수 있다. 심지어 『아사히신문』에서는 천황의 발언에 대하여 무서명으로 다음과 같이 논평했다.

> "'문학 방면'이란 약간은 기묘한 말이지만 천황으로서는 '그런 영어의 뉘앙스는 나는 잘 모르기 때문에…'라는 의미로 사용하셨을 것이다. 그러나 동시에 '전쟁 책임이라는 용어로 인정한다, 인정하지 않는다와 같은 식의 말의 문제는 아무래도 좋은 것이 아닌가. 내 심정을 헤아려주기 바란다'라는 생각이 이 표현에 담겨 있는 것이 아닐까."[18]

실로 객관적인 차원을 넘어서 천황의 발언을 충실하게 보호하는 보도 자세라 하겠다. 다만, 천황의 발언을 계기로 같은 해 12월 『교도통신』에서 천황의 전쟁 책임을 묻는 최초의 여론조사를 한 것은 하나의 성과였다. 앞서 표1)의 1975년 『교도통신』 여론조사에서도 알 수 있듯이 '어느 쪽도 말할 수 없다'에 '어느 정도 있다'고 생각하는

---

18) 「言葉選び懸命にお答え」(『朝日新聞』, 1975. 11. 1).

입장이 포함되어 있다고 생각한다넌 국민의 과빈수기 어떤 형태로든 천황의 전쟁 책임을 의식하고 있다고 볼 수가 있다. 그럼에도 천황의 발언을 계기로 천황의 전쟁 책임 문제가 여론을 형성하지 못했다는 점에 문제의 심각성이 있는 것이다.

표4) 주요 언론사의 천황 기자회견에 관한 보도내용 요약

신문사	머리기사	내용 요약
아사히 신문 11.1	천황·황후폐하, 공식 기자회견	국민과의 접촉 '가능하면 좋지만, 실현은 의문' 최대의 기쁨 '국민의 노력에 의한 전후부흥' 히로시마 원폭투하 '안된 일이지만 부득이하다고 생각'
	말을 골라가면서 열심히 답변	'가슴 아픈 저 전쟁' '전쟁 책임' 질문도
	양 폐하의 기자회견	일문일답의 내용
	양 폐하의 기자회견 갖가지 감개	전쟁체험 잊지 않고, 더 많은 기회를 **침묵이 흐른 원폭병원**
마이니치 신문 11.1	슬픈 전쟁 다시는 일어나지 않기를 양 폐하 기자단과 회견	원폭투하 유감이지민 전쟁으로 부득이했다고 생각
	좌담회 양 폐하의 회견을 듣고	와카모리 다로(和歌森太郞)·고지마 죠(児島襄)·아라이 다츠오(新井達夫)
	양 폐하의 회견 보도	전후의 부흥, 최대의 기쁨
	기자회견의 폐하 한 마디 한 마디 심경을 때로는 몸을 내밀면서	**그때 히로시마와 나가사키에서** **피폭자의 심정 복잡**
	사설	양 폐하 첫 기자회견을 듣고

요미우리 신문 11.1	양 폐하 첫 기자회견	유감이지만 전쟁 중의 일 원폭은 부득이한 일 전쟁 책임 대답할 수 없어
	'폐하의 50년' 가슴 아픈 전쟁…기쁘게 생각하는 부흥	'텔레비전 담의'에 폭소 "좋아하는 프로그램? 대답 못해요"
요미우리 신문 11.2	천황의 발언으로 나카 소네 간사장, 공산당 담화를 비판	폐하의 회견에서 전체의 내용은 폐하 의 인품 등을 포함하여 포괄적으로 판단해야

4. 야스쿠니신사 참배 문제와 천황의 '근심'

1980년대는 역사교과서 문제, 야스쿠니신사 참배 문제 등의 역사인식을 둘러싼 제반 문제가 처음으로 동아시아의 범위로 확대되어 가는 출발점이었다. 특히 이 시기부터 분출되는 천황의 전쟁 책임 문제는 1985년 8월 15일 나카소네 수상의 야스쿠니신사 공식참배와 각료의 잇따른 '망언'이 근린국가의 격렬한 반발을 불러일으킨 사실을 염두에 두고 보면 그 봉인과 은폐의 실상이 보다 선명하게 드러난다.

천황은 1945년 11월 20일 대초혼제(大招魂祭)부터 1975년 11월 21일까지 30년간 8차례 야스쿠니신사에 참배했지만 그 후 사망할 때까지 13년 간 단 한 차례도 참배하지 않았다. 그 이유에 관해서는 갖가지 억측이 있었지만 2006년 7월 20일 『니혼게이자이신문』에서 특종 보도한 '도미다(富田)메모'(기록은 1988년 4월 28일)에 의해 천황이 'A급 전범' 합사에 대하여 '불쾌감'을 품고 있었다는 사실이 분명해졌다. 메모에 적힌 천황 발언 내용은 다음과 같다.

전에도 있었는데, 어찌 된 일인가.
나카소네(中曾根)의 야스쿠니 참배도 있었지만
후지오(藤尾)의 발언.
오쿠노(奧野)는 후지오와 다르다고 생각했는데 균형 감각
이라고 생각해,
단순한 복고는 아니더라도

나는 그때 A급 전범이 합사되고
더구나 마츠오카(松岡), 시라도리(白取)까지도
츠쿠바(筑波)는 신중하게 대처했다고 들었는데
마츠다이라(松平)의 아들인 지금의 궁시가 무슨 생각으로
그렇게 간단하게…
마츠다이라(松平)는 평화에 대한 의지가 강했다고 생각하
는데
애비 마음을 자식이 모른다더니
그러므로 나는 그 후 참배하지 않는다.
그것이 내 마음이다.

메모의 첫 번째 단락은 나카소네 수상의 야스쿠니신사 참배와 장관들의 '망언'에 대한 불만을 토로한 것이고, 두 번째 단락은 마츠오카(松岡)와 시라도리(白取) 등의 'A급 전범'이 야스쿠니신사에 합사된 것에 대한 불쾌감 때문에 야스쿠니에 참배하지 않는다고 한 말을 옮긴 것이다. 첫 번째 단락의 후지오는 1986년 한국병합 정당화 발언을 하고 경질된 후지오 마사유키(藤尾正行) 문부성 장관이며 오쿠노는 1988년 침략전쟁 정당화 발언으로 경질된 국토청장관 오쿠노 세이스케(奧野誠亮)을 말한다.

그리고 두 번째 단락의 마츠오카는 독일, 이탈리아와 '3국 동맹' 당시의 외무대신 마츠오카 요스케(松岡洋右)이며, 시라도리의 '도리(取)'는 당시의 주이탈리아대사 시라도리 도시오(白鳥敏夫)의 '도리(鳥)'를 잘못 표기한 것이다. 또한 츠쿠바(筑波)는 1966년 후생성에서 'A급 전범' 명부를 건네받고도 합사하지 않은 당시 야스쿠니신사의 궁사 츠쿠바 후지마로(筑波藤麿)이며, 마츠다이라는 궁내청 장관을 역임한 천황의 측근 마츠다이라 요시타미(松平慶民)이다. 그리고 마츠다이라의 아들인 '지금의 궁사'란 'A급 전범'을 합사한 1978년 당시 야스쿠니신사의 궁사 마츠다이라 나가요시(松平永芳)를 말한다.

'A급 전범' 14명이 '순국영령'으로 야스쿠니신사에 합사된 것은 1978년 10월 17일이었고 『아사히신문』이 이를 특종 보도한 것은 그 이듬해인 1979년 4월 19일의 일이었다. 'A급 전범' 합사의 사실이 보도된 4월 19일 천황의 측근 이리에 스케마사(入江相政) 시종장이 일기에 "조간에 야스쿠니신사에 마츠오카, 시라도리 등 합사의 일, 텔레비전에 나오다. 기분 나쁜 일"이라고 한 것은 천황의 '마음'을 대변한 것이었다. 1995년 8월 19일 아사히신문이 연재한 도쿠가와 요시히로(德川義寬) 전 시종장의 증언에 의하면 야스쿠니신사의 합사자 명부는 예년 10월에 야스쿠니신사가 제출하면 그것을 천황에게 보고하도록 되어 있으나 1978년에는 한 달 늦은 11월에 제출되었다. 천황은 이미 이 시점에서 A급 전범의 합사 사실을 알았을 것이며 그것이 이듬해 4월 언론에 크게 보도되면서 더욱더 불쾌감을 품게 되었을 것이다.

그렇다면 1978년 A급 전범 합사 당시 품은 천황의 불쾌감이 왜 10년이 지난 1988년의 시점에서 표면화되었을까. 그 배경에는 메모의 전반에도 있듯이 나카소네 수상의 야스쿠니신사 참배, 후지오 장관과 오쿠노 장관의 '망언'에 대한 중국과 한국에서의 반발을 의식하고 있었기 때문이었다. 그것은 천황이 1986년의 '종전기념일'에 읊은 다음의 노래를 통해서도 짐작할 수 있다.

"이 해의 이날에 아직도 야스쿠니신사에 근심이 깊다"

당시 천황의 야스쿠니신사 참배를 요구하는 보수 세력은 이 노래의 '근심'이라는 표현을 아전인수로 "폐하가 나카소네 수상의 야스쿠니신사 참배 단념을 우려하셨다"고 해석했다. 이는 곧 나카소네 수상이 1985년 8월 15일 야스쿠니신사에 공식참배한 후 중국과 한국에서의 맹렬한 반발에 직면하여 이듬해 야스쿠니신사 참배를 포기한 사실을 염두에 둔 해석이다. 그러나 이에 대해서는 천황의 최측근인 도쿠가와 요시히로 전시종장이 "제멋대로 해석하고 있다"고 강하게 부정하고 있다.[19] 도쿠가와 전시종장이 오카노 히로히코(岡野弘彦) 가인(歌人)에게 전한 말에 의하면 천황의 '근심'이라는 표현은 'A급 전범' 합사에 대한 불만을 의미하고 있으며 그 이유는 'A급 전범'의 합사로 "전사자의 영혼을 모시는 신사의 성격이 바뀐다"는 점과 "전쟁에 관계한 나라와 장래에 화근을 남기는 일"을 우려했기 때문이었다.[20]

도미다 메모의 앞 단락에도 있듯이 이러한 천황의 '근심'을 더욱 자극한 것이 후지오 장관과 오쿠노 장관의

---

19) 『朝日新聞』, 2001. 8. 15.
20) 『朝日新聞』, 2007. 8. 4.

'망언'이 있다. 후지오 징괸은 1986년 "한국병합은 양국의 합의로 형성된 것이기 때문에 일본만이 아니라 한국 측에도 책임이 있다"[21]고 발언하여 한국의 반발을 불러일으키고 경질되었다. 그 2년 후인 1988년 4월 22일 오쿠노 국토청 장관은 야스쿠니신사 참배 후 기자들의 질문에 대하여 다음과 같은 발언으로 물의를 일으켰다.

"전후 43년 지났기 때문에 점령군의 망령에 휘둘리는 것은 그만두고 싶다. 중국은 여러모로 오해하고 있지만, 공산주의국가이기 때문에 종교에 대한 이해가 부족하다……백색인종이 아시아를 식민지하고 있었다. 그런데 일본만 나쁘다고 한다. 누가 침략 국가인가."[22]

때마침 오쿠노 장관의 발언은 천황탄생일의 기자회견을 6일 앞둔 기묘한 타이밍이었다. 천황은 그 6일 후의 4월 28일에 열린 기자회견에서 "무엇보다도 대전의 일이 가장 싫은 기억"[23]이라고 발언하고 있는 것이다. 그것이 오쿠노 장관의 발언을 염두에 두고 한 말이라는 것은 같은 날 메모 된 위의 '도미다 메모' 이외에도 우라베 료고

---

21) 『文芸春秋』, 1986. 10.
22) 『朝日新聞』, 1988. 4. 22.
23) 『朝日新聞』, 1986. 4. 29.

(卜部亮吾) 시종일기에서도 확인할 수 있다.[24] 천황은 처음부터 'A급 전범'의 합사에 대하여 '근심'하고 있었으며 1980년대에 들어와 야스쿠니 문제가 국제적인 문제로 확대되고 후지오와 오쿠노의 '망언'이 일본과 '전쟁에 관계한 나라'를 자극하는 사태에 직면하여 자신의 '근심'을 이해하지 못하는 주변의 '충신'들에 대한 불만스러운 심정을 토로한 것이다. 결국, 천황이 'A급 전범' 합사 이후 야스쿠니에 참배하지 않은 것은 전쟁 책임 문제의 논의에 휘말리고 싶지 않다는 의지의 표현이었던 것이다.

5. 천황의 죽음과 전쟁 책임의 봉인

궁내청이 천황의 중태를 발표한 것은 1988년 9월 17일이었다. 이때부터 1989년 1월 7일의 죽음에 이르기까지 100여 일간 일본열도는 상상을 초월할 정도로 비정상적인 과잉자숙의 열기에 휩싸였다. 히로히토의 중태가 보도된 직후부터 전국각지에서 매년 예외 없이 개최되던 운동회와 축제가 중지되고, 황거(皇居) 앞을 비롯하여 전국의 신사(神社)에서 천황의 쾌유를 기원하여 기장(記帳)한 사람

24) 『朝日新聞』, 2001. 7. 31.

들의 수는 무려 육백만 명에 이르렀다. 일본열도는 상상을 초월할 정도의 과잉자숙으로 빠져들었으며, 마치 일본에서 당치도 않는 큰일이 일어나고 있다는 착각을 불러일으키게 할 정도였다. 사회 전반의 과잉자숙 무드 속에서 천황의 죽음에 즈음하여 조기(弔旗)게양에 반대하거나 묵도를 거부하는 것은 일탈된 행동으로 비치었으며, '일본국민'이기를 거부하는 '이분자(異分子)'로 간주되는 것을 감수할 수 있는 용기가 필요했다.

물론 과잉자숙 현상의 배경에는 민중의 자발적인 동참이라는 측면보다도, 정부와 매스컴의 이데올로기 조작이 크게 영향을 미치고 있었다. 천황의 와병이 전해지면서 수상을 비롯한 정부고관의 국외출장이 취소되었으며, 각 지방자치단체를 비롯한 공권력 조직은 각 소속원의 자유의사를 배제하는 형태로 천황 열기에 종속하는 행정력을 발휘하고 있었다. 천황의 죽음에 즈음해서 내각총리대신을 비롯한 입법부, 사법부의 수장과 각 정당에서는 천편일률적으로 '격동의 시대', '세계평화', '국민의 행복', '평화와 민주주의', '국제화', '일본의 상징', '경애와 신뢰' 등의 공허한 단어를 남발하고 있었다.

정치권 이상으로 천황 미화를 구가한 것은 매스컴이었다. 신문과 텔레비전은 비판 정신을 상실하고 역사에 대한 무책임한 보도자세로 일관했다. 주요 일간지는 마치 경쟁이라도 하듯이 천황·천황제를 미화하는 특집을 기획 연재하여 '성단'으로 전쟁의 비극을 종식시키고 전후의 번영을 이룩한 천황으로, 혹은 과학자이며 평화를 사랑하는 천황으로서 오로지 국민의 행복을 위해 노력하는 인자한 군주로 천황을 미화했다. 천황이 사망한 직후 주요일간지가 천황·천황제에 관하여 기획한 특집 시리즈만 보면 다음과 같다.

표5) 1989년 1~2월 주요 일간지의 쇼와 천황 사후 특집·연재물

신문사	제목	횟수	기간
아사히 신문	정치 속의 천황	15회	1.8~1.15
	검증·쇼와에서 헤이세이로	15회	1.9~1.24
	신 천황·소안의 55세	6회	1.11~1.18
	쇼와 천황과의 나날·이리에(入江)시종장일기	30회	1.9~2.24
마이니치 신문	쇼와가 간다	10회	1.8~1.17
	검증·신원호(新元號) 헤이세이	8회	1.8~1.16
	헤이세이천황의 인간상	12회	1.10~1.27
	쇼와 천황과 그 시대	23회	1.9~2.10
	시대의 눈·쇼와의 마음	9회	1.11~1.27
	추도특집·'격동의 시대'	1~9면	1.13
요미우리 신문	쇼와를 살면서	11회	1.8~1.19
	상징천황제와 전후 정치	5회	1.8~1.15
	천황을 바라보는 세계	8회	1.8~1.17
	돌아가신 폐하를 그리며·전 궁내청 장관	7회	1.9~1.18
	시대의 마지막에 쇼와를 읽는다	5회	1.9~1.13
	헤이세이의 천황	8회	1.8~1.16

이러한 과정에서 사회직인 저명인사뿐만 아니라 친일적인 외국인까지 동원하여 '성단'과 '평화주의'의 신화를 재생산하는 상투적인 수단도 되풀이되었다. 특히 표6)에도 있듯이 미국의 라이샤워와 영국의 코다치는 천황 미화에 적극적으로 동참한 외국인이었다.

표6) 1988년 1월 7일 쇼와 천황 사후 저명인들의 천황 미화 칼럼

일자	필자	제목	신문사
1.7	휴 코다치경 (전 주일 영국대사)	종전(終戰)의 결단, 빛나는 용기	마이니치
	후쿠다 다케오(福田赳夫) 전 수상	쇼와 천황을 말한다. 내주(內奏)에 정확한 질문	요미우리
	바이닝부인 (신 천황 가정교사)	아키히토 신 천황에게 기대	요미우리
	미우라 슈몬(三浦朱門) 작가	오로지 성스러운 직무에	요미우리
	다나베 세이코(田辺聖子) 소설가	격동의 시대의 거대한 상징	요미우리
1.8	E. 라이샤워 (전 주일 미국대사)	친우를 잃고 깊은 슬픔에	아사히
	〃	민주주의 신봉한 폐하, 미 증유의 번영에 큰 역할	요미우리
	시바 료타로(司馬遼太郎) 소설가	공(空)을 관철한 위대함	산케이
1.9	요코다 기사부로(橫田喜三郎) 전 최고재판소장관	평화를 기원하는 폐하의 마음	요미우리
	다니가와 데츠조(谷川徹三) 철학자	국민과 함께 검소	요미우리

1.10	휴 코다치경 (전 주일 영국대사)	종전 결정, 고 폐하의 영단	아사히
	이노우에 야스시(井上靖) 소설가	종전의 방송, 폐하를 가까 이에	마이니치
1.11	E. 라이샤워 (전 주일미국대사)	상징천황 지위 확립, 존경 을 모은 성실함	마이니치
1.17	나라모토 다츠야(奈良本辰也) 역사학자	"격동"을 헤쳐 온 천황	마이니치
1.25	미우라 슈몬(三浦朱門)	사라져 가는 시대의 슬픔	마이니치
1.27	이노키 마사미치(猪木正道) 교토대학 명예교수	폐하는 헌법과 법질서를 존중	마이니치

표5)와 표6)의 내용을 검토해 보면 첫째로 쇼와 천황은 과거의 전쟁과 무관하며 입헌군주로서의 자세로 일관했다. 둘째로 쇼와 천황의 '성단'으로 더 이상의 전쟁 비극을 막을 수 있었다는 사실에 감사해야 한다. 셋째로 '쇼와의 종언'을 한 시대의 마감으로 받아들이고 '격동'의 시대를 국민과 함께했다는 공감대를 느낀다. 넷째로 헤이세이 시대와 신 천황에 대한 기대 및 국민적 공감대의 형성 등으로 정리할 수 있을 것이다. 그러나 모든 것이 궁극적으로는 천황과 과거의 전쟁을 분리하고 전쟁 책임 문제를 봉인하는 데 있었다고 해도 과언이 아니다. 매스컴의 색깔을 구분할 수 없는 천황 미화 보도의 홍수는 일본 국민이 천황의 전쟁 책임 문제를 의식적으로 자각하고 논의하는 가능성을 가로막고 있었던 것이다.

6. '쇼와의 종언'과 천황의 전쟁 책임

'도미다 메모'의 공개로 알게 된 천황의 'A급 전범' 합사에 대한 '근심'은 자신의 죽음을 전후해서 현실화되었다. '쇼와의 종언'에 즈음해서 분출된 대대적인 천황 미화 현상은 그 반작용으로서 천황의 전쟁 책임에 대한 내외로부터의 비판의 목소리를 일거에 분출시키는 계기가 되었다. 특히 국외에서의 천황 현상에 대한 비판적인 보도는 일본 국내에서의 천황 미화와 현저한 낙차를 보였다.

일본 외무성의 외곽단체 '재단법인 foreign press center'에서는 일본 주재 외국인 기자의 천황 현상에 대한 이해를 돕기 위해 3회 연속으로 설명회를 개최하고 일본 역사상 정치와 무관한 천황의 문화적 역할 등을 강조했다. 그러나 외국인 기자들은 천황의 전쟁 책임 문제에 더 많은 관심이 있었다. 몇 가지 외신 기자들의 질문 내용을 보면 다음과 같다.

- 서구에서는 천황의 전쟁 책임과 천황의 전쟁범죄 여부에 대해서 또다시 커다란 화제가 되고 있다. 천황은 문화인이며 시인이라고 하지만 일본에서는 지식인조차도 천황에 관해서는 문학과 시의 안갯속에 가려버리는 것이 아닌가.(서독 기자)

- 천황은 2.26 사건과 종전에 즈음해서 두 차례 수습을 위
  해 영향력을 행사했다고 하지만 전전에는 군복을 입고 사
  진을 찍고 있다. 이 두 가지 사건 사이에 반대 의견을 표
  명했어야 하지 않았는가.(미국 기자)
- 독일도 이탈리아도 전쟁에 관해서 논의하고 반성했지만,
  일본에서는 반성이 부족한 것 같다.(이탈리아 기자)
- 천황은 군부에 이용당했을 뿐이라고 하지만 전후의 지금
  도 천황을 이용하려는 세력이 있다. 전전과 전후의 천황
  의 역할에 어떤 차이가 있는가. 민주주의 정부로서 천황
  제의 남용을 막을 수 있는 방안 을 생각하고 있는가.(영국
  기자)

서방 기자들의 정곡을 찌르는 질문은 일본 국내에서
의 천황 미화와 국외의 시선과의 사이에 얼마나 커다란
낙차가 있는지를 단적으로 보여주고 있다.[25]

전국 각지에서도 과잉자숙 무드에 대항하여 천황제
를 비판하는 목소리가 곳곳에서 분출되었다. '역사학연구
회'를 비롯한 약 30개 단체로 조직된 '기원절문제연락회'에
서는 천황의 대가 바뀔 때마다 새로운 원호를 제정하는
'일세일원(一世一元)' 제도는 헌법의 주권재민 원칙에 어

---

25) 朝日新聞社編, 『朝日新聞全国・地方版全記録・昭和天皇報道―
崩御までの110日―』, 朝日新聞社, 1989, 10월 15일자.

굿난다, 원호의 강제는 역사 감각을 마비시키고 국제사회에 따라가지 못한다는 등의 내용을 담은 성명을 발표했다. 또한 '오키나와현 헌법보급협의회', '오키나와인권협회' 등에서는 '천황 원수화의 움직임에 반대하는 어필'을 발표했다.[26] 재일작가 이회성은 오키나와 나하시(那覇市)에서 개최된 '천황제를 생각하는 시민 연속강좌'(11회)에서 '조선과 일본의 미래'라는 주제로 강연하면서 "만약 천황이 죽게 된다면 확실하게 본인이 직접 유서를 작성해서 남기기 바란다. 과거 일본과 아시아인들에게 씻을 수 없는 죄를 남긴 전쟁의 최고책임자임에는 틀림없다"[27]고 목소리를 높였다.

과잉자숙이 확산하면서 이에 대한 반대집회도 연일 확산하여 갔다. 일본기독교 교단 등 6개 교파로 만든 '일본기독교협의회'를 비롯하여 불교, 신도(神道) 등에 의한 '일본종교자평화협의회', 매스컴 관련 노조를 비롯한 직업단체, '헌법이론 연구회', '390명의 변호사유지그룹', '부락해방동맹', '전국부락해방운동연락회', '원수폭금지일본협의회', '부인민주클럽', '중국귀환자연락회', '어머니회' 등 각종 단체에서 잇달아 성명을 발표하고 천황 미화와 천황

---

26) 위의 책, 10월 13일자.
27) 위의 책, 10월 15일자, 오키나와판.

제 강화에 항의를 표명했다. 이러한 가운데 메이지학원대학의 모리이 마고토(森井真) 학장은 '천황제의 절대화에 반대한다'는 성명을 발표하고 '천황 문제를 생각하는 1주간'이라는 집중강의를 개최하여 커다란 반향을 불러일으켰다. 『아사히신문』이 12월 3일 자로 이 사실을 보도한 이후 불과 5일 사이에 독자로부터 250통의 투서가 쇄도했다. 투서 내용에 공통적인 것은 "전쟁 책임과 천황제에 대하여 이번 기회에 확실하게 정리해 보자"는 것이었다.

이 밖에도 전국 각지의 지방의회에서는 천황의 전쟁 책임을 추궁하는 공산당 의원들과 이를 '온당치 못하다'고 항의하면서 발언 취소와 삭제를 요구하는 자민당 의원들과의 사이에 곳곳에서 분규가 발생하고 있었다. 나가사키 시장의 천황의 전쟁 책임 발언은 이러한 움직임의 연장선상에서 발생한 것이었다. 또한, 일본공산당 의장 미야모토 겐지(宮本顕治)는 천황을 "일본 역사상 최대의 참화를 초래한 인물"로 단정하고 "공산당은 천황제 반대로 처음부터 철저하게 탄압받았으며 이 때문에 수많은 사람이 박해받고 살해당했다"고 하면서 천황의 전쟁 책임을 추궁했다. '쇼와의 종언'을 전후해서 공산당 기관지 『아카하타(赤旗)』의 판매 부수가 4만 3천 부 증가한 것도 당시의 상황을 반영한 것이라 하겠다.[28] 이미 표1)과 표2)에서 보앞듯이 각 언론기관에서 천황의 전쟁 책임에 대한 여론 조사를 한 것도 이러한 사회적 분위기를 배경으로 한 것이었다.

그러나 과반수의 국민이 천황의 전쟁 책임을 의식하면서도 대부분 '어느 쪽도 말할 수 없다'거나 '다소 있다'와 같이 애매하고 불명확한 형태로 표명하고 있다는 점에 한계가 있었다. 그것은 그만큼 대대적인 천황 미화의 보도 속에 매몰되어 상대적으로 왜소화되어 갔다. 천황 미화에 항의하는 단체들은 일본 전체에서 보면 역시 소수에 지나지 않았으며 과잉자숙에 항의하는 데모 행렬을 보는 시민의 시선은 차가웠다. 작가 오다 마고토(小田実) 등이 중심이 된 '일본은 이대로 좋은가 시민연합'은 1988년 9월 28일부터 3일간 연속으로 도쿄 시부야(渋谷)에서 데모행진을 벌였지만, 데모를 보고 있던 사람들 사이에서는 "이 사람들 일본인 아닌 게 아냐?"[29]라는 비아냥거림이 들렸다. 더구나 이러한 한계는 '쇼와의 종언'과 함께 자각적인 의식화를 가로막는 복합적인 요인에 의해 한층 극복하기 어려운 상태에 빠지게 된다. 다음에는 천황 사

---

28) 『赤旗』, 1989. 1. 10.
29) 앞의 책, 『朝日新聞全国・地方版全記録・昭和天皇報道ー崩御までの110日ー』, 10월 28일자.

후 천황의 전쟁 책임의 의식화를 가로막는 몇 가지 요인
을 살펴보기로 하자.

서울대학교 일본연구소
Reading Japan **11**

제5장
천황의 전쟁 책임 의식화를 가로막는 요인들

● 아키히토 천황, 일본정부, 궁내청, 매스
컴, 우익 등의 역할이 복합적으로 상호
작용하면서 천황의 전쟁 책임에 대한 의
식화를 가로막는 요인으로 기능하고 있
다. 더구나 헤이세이 이후에는 천황제를
평화주의와 결부시키는 기억의 조작에
더하여 국민을 '치유'하는 인자한 천황이
라는 또 하나의 신화에 의해 천황의 전
쟁 책임 문제는 더욱더 망각의 피안으로
사라지고 있다.

천황의 전쟁 책임 의식화를 가로막는 요인들

1. 부왕의 전쟁 책임을 봉인하는 아키히토 천황

역사학자 요시다 유다카(吉田裕)는 천황의 전쟁 책임을 봉인하고 그 의식화를 가로막는 요인으로서 주로 냉전체제의 규정성이라는 외적인 조건을 지적하고 있다.[1] 그러나 천황이 사망한 1989년은 때마침 냉전체제가 붕괴하는 시기와 겹치기 때문에 1990년대 이후 냉전체제의 규정성은 이미 전쟁 책임을 가로막는 요인으로 기능할 수 없게 되었다. 그 대신 냉전의 붕괴와 근린 아시아의 민주화

---

1) 吉田裕 『昭和天皇の終戦史』, 岩波書店, 1992, 237쪽.

에 의해 지금까지 봉인되어 오던 일본의 침략전쟁과 식민지지배를 둘러싼 갖가지 기억의 트라우마가 되살아나고, 그 논의가 천황의 전쟁 책임 문제에까지 미칠 가능성이 생겼다. 따라서 천황 사후에도 천황의 전쟁 책임을 봉인하는 조작은 계속되고 있으며 나아가 은폐와 망각의 단계로까지 진행하고 있다. 여기서는 주로 '쇼와의 종언'부터 지금에 이르기까지 천황의 전쟁 책임의 의식화를 가로막는 내적인 요인을 중심으로 검토해 보기로 한다.

먼저 첫째로 중요한 요인은 아키히토 천황의 역할이다. 쇼와 천황 사후 황위를 계승한 아키히토는 부왕의 전쟁 책임을 봉인하는 역할까지도 계승했다. 아키히토는 히로히토 사망 직후 황위 계승 의식에서 다음과 같이 부왕의 전쟁 책임을 봉인하는 발언을 했다.

> "되돌아보면 대행 천황(大行天皇=쇼와 천황; 인용자)께서는 재위 60여 년간 오로지 세계의 평화와 국민의 행복을 기원하시고 국민 생활의 안정과 번영을 실현하고 평화국가로서 국제사회에 명예로운 지위를 차지하기에 이르렀습니다."[2]

---

2) 『朝日新聞』, 1989. 1. 9.

아키히토는 1989년 8월 5일 즉위 후 최초의 기자회견에서도 "쇼와 천황이 돌아가시고 전쟁 책임이 국가의 내외에서 논의되었습니다. 천황의 전쟁 책임, 그것을 둘러싼 논의에 대하여 어떻게 생각하시고 계십니까. 전쟁과 평화에 대한 생각을 말씀해주십시오."라는 기자의 질문에 대하여, "쇼와 천황은 평화라는 것을 소중히 생각하고 계셨으며 또한 헌법에 따라 행동하는 것을 지키기 위해 노력하시면서 고생이 많으셨다고 깊이 생각하고 있습니다."[3] 라고 하여 천황은 평화주의자이며 입헌주의에 충실했다는 신화를 재생산하면서 문제의 본질을 회피하는 답변을 했다. 그리고 히로히토 사후 1주기가 되는 이듬해 1월 7일 회견에서는 천황의 전쟁 책임을 묻는 질문에 대하여 "답변할 입장이 아니다"[4]고 하여 직접적인 답변을 회피했다. 이후 아키히토는 부왕의 전쟁 책임에 대하여 전혀 언급하지 않고 있다.

그러나 기자회견 등에서 기회가 있을 때마다 천황의 전쟁 책임 문제가 거론되는 것은 그만큼 국민의식 속에 천황의 전쟁 책임에 대한 석연치 않은 응어리가 여전히 남아있다는 것을 의미한다. 아키히토가 즉위 후부터 히로

---

3) 「天皇、皇后両陛下の会見詳報」(『毎日新聞』, 1989. 8. 5).
4) 「お言葉 '戦争責任' 明言されず」(『朝日新聞』, 1990. 1. 7).

시마, 나가사키, 오키나와, 사이판 등으로 애노와 위령의
여행을 통해서 쇼와의 상흔을 '치유'하는 일을 되풀이하
고, 과거의 전쟁에 대한 기억 속에서 천황의 전쟁 책임 문
제를 분리하기 위해 노력한 것도 그 때문이었다.

2. 천황의 전쟁 책임과 일본정부의 역사인식

천황의 전쟁 책임을 봉인하는 아키히토의 배후에는
일본정부와 궁내청이 중요한 역할을 하고 있었다. 일본
정부는 1990년대부터 일본의 전쟁 책임을 일부 인정하고
사죄를 표명하게 되지만 천황의 전쟁 책임은 인정하지 않
고 있으며 오히려 그것을 봉인하는 역할을 주도했다. 천
황의 죽음에 즈음해서 다케시타 노보루(竹下登) 수상은
다음과 같이 '평화주의자' 천황의 '성단' 신화를 재생산하
고 있었다.

> "대행 천황은 오로지 세계의 평화와 국민의 행복을 기원하
> 시고 매일같이 실천궁행해 오셨습니다. 뜻하지 않게 발발
> 한 지난 대전에서는 전쟁으로 고통에 허덕이는 국민을 차
> 마 보지 못하시고 전쟁종결의 성단을 내리신 것입니다."[5]

이후 천황의 전쟁 책임을 부정하는 정부의 입장은 정권이 바뀌어도 변하지 않았다. 사회당의 무라야마 도미이치(村山富市) 수상은 1995년 8월 15일 '무라야마 담화'를 통해서 일본의 식민지 지배와 침략으로 근린민족에게 많은 고통을 주었던 사실을 인정하고 사죄를 표명했다. 그러나 담화 발표 직후 천황의 전쟁 책임에 대한 의견을 묻는 기자들의 질문에 대하여 마치 예상이라도 하고 있었다는 듯이 준비된 메모를 읽으면서 다음과 같이 답변했다.

"전쟁이 끝난 시점에서도 국제적, 국내적으로 폐하의 책임은 묻지 않았다. 천황폐하가 오로지 세계평화를 기원하시고 전쟁종결의 영단을 내리신 것은 잘 알려진 사실이다. (담화에서)'국책을 그르쳤다'는 내용을 가지고 폐하의 책임을 운운할 생각은 없다."[6]

천황의 전쟁 책임을 봉인하는 일본정부의 역할에서 또 한 가지 주목되는 것이 '황실외교'다. 황실외교에서는 특히 과거의 전쟁과 관련이 있는 국가에 대해서는 항상 천황의 '발언'이 중요한 의미를 가지고 주목되었다. 천황

---

5) 「資料集成·象徵天皇制2/完」(『ジュリスト』938号, 1989. 7, 99쪽).
6) 『朝日新聞』1995. 8. 15, 석간.

의 '발언'은 주로 외무성과 궁내청의 협의에 의해 작성되는데, 1975년 천황의 방미에 즈음해서 앞서 예를 든 천황의 연설문은 당시의 현지대사관, 북미국(北美局)을 중심으로 한 외무성 본성, 미키 다케오(三木赳夫)수상, 그리고 궁내청의 협의로 작성되어 감동적인 연설이라는 찬사를 받았다.7)

그러나 일본과의 전쟁에서 승리한 미국과는 달리 일본이 침략하거나 지배한 국가에 대한 천황의 '발언'은 결코 전쟁 책임을 청산하는 것이 아니라 오히려 일본 국가와 천황의 전쟁 책임을 봉인하는 수단으로 이용되는 경향이 강하다. 예를 들면 1984년 전두환이 한국대통령으로서는 최초로 일본을 공식방문했을 때 천황의 '사죄' 발언 부분은 다음과 같다.

"되돌아보건대 귀국과 우리나라는 일의 대수의 이웃이며, 예부터 갖가지 분야에서 밀접한 교류가 있었습니다. 우리나라는 귀국과의 교류에서 많은 것을 배웠습니다. 예를 들면 기원전 6, 7세기의 우리나라의 국가형성기에는 다수의 귀국인이 도래하여 우리나라 사람에게 학문, 문화, 기술 등을 가르쳤다는 중요한 사실이 있습니다. 오랜 역사에 걸쳐

---

7) 앞의 책, 『天皇の侍従長』, 254~255쪽.

서 양국은 긴밀한 이웃관계에 있었던 것입니다. 이러한 관계에도 불구하고, 금세기의 한 시기에 양국 사이에 불행한 과거가 있었던 점은 실로 유감이며, 두 번 다시 되풀이되어서는 안 된다고 생각합니다."8)

천황의 발언이 고대 한일 간의 교류에 대하여 언급한 것은 전전의 천황제에 중요한 근간을 이루었던 '황국사관'의 건국신화를 부정했다는 점에서는 획기적인 내용이라고 할 수 있을지도 모른다. 그러나 당시 천황 발언에 대한 관심은 이러한 고대 한일 간의 긴밀한 역사를 강조하는 데 있는 것이 아니라, 천황이 어떤 내용의 사죄를 하는가에 있었다. 당시 한국 언론의 대부분은 천황의 '유감' 발언을 '깊이 있는 사죄', '세련된 사죄표현', '진심의 사죄', '〈유감〉 표명은 외교적 사죄' 등9)과 같이 지나치게 어용적으로 보도하는 경향이 강했지만, 대다수 한국인이 그렇게 생각한 것은 아니었다. 그것은 1990년 노태우 대통령의 방일에 즈음해서 천황의 보다 심도 있는 '사죄' 발언을 강력하게 요구한 점에서도 알 수 있다. 이처럼 천황의 애매한 '사죄' 발언은 '금세기의 한 시기'에 있었던 식민지지배

---

8) 『朝日新聞』, 1984. 9. 7.
9) 『중앙일보』, 1984. 9. 7, 9. 8, 『동아일보』, 1984. 9. 7, 『조선일보』, 1984. 9. 7.

와 황민화 정책, 침략전쟁으로의 강세동원, 무책임한 진후 처리를 일체 불문에 부치고 조선침략의 역사적 사실을 '총결산'하려는 데 본래의 의도가 있었다고 보아야 할 것이다.

특히 일본정부는 냉전 후 국제사회에서의 군사적 역할의 증대와 함께 그것을 경계하는 근린 아시아에 신뢰감을 줄 필요가 있었다. 더구나 1991년을 경계로 일본의 대아시아 수출이 대미수출을 능가하면서 일본정부로서는 아시아와의 관계에 안정화를 꾀하지 않으면 안 되었다.[10] 헤이세이 천황이 즉위한 직후부터 '양 폐하의 외유, 방한 우선 / 쇼와 천황의 탈상 후에 / 정부방침'[11], '천황폐하 ASEAN, 한국방문 / 처음으로 아시아에 / 내년 5월이나 가을경', '아시아의 일원 명확하게', '정부, 신 황실외교에 기대'[12] 등과 같이 보도되고 있었던 것도 일본정부의 의향을 반영한 것이었다. 즉 과거의 전쟁과는 관계가 희박한 아키히토의 황실외교를 통해서 한국을 비롯한 근린 아시아의 전쟁의 기억을 희석하고 신뢰관계를 회복하는 수단으로 적극적으로 활용하려 한 것이다. 천황의 방한은 시

---

10) 吉田裕, 「閉塞するナショナリズム」(『世界』, 1997. 4, 79쪽).
11) 『読売新聞』, 1989. 8. 5.
12) 『毎日新聞』, 1990. 12. 3.

기상조로 실현되지 않았지만 1990년 5월 노태우 한국대통령의 방일, 1991년 9월 천황과 황후의 동남아 3개국(타이, 말레이, 인도네시아) 순방, 그리고 1992년 10월 중일 국교 회복 20년을 맞이한 시점에서 이루어진 중국 방문 등은 그 실천적인 표현이었다.

이러한 천황의 외국 방문과 외국 수뇌와의 회견에서의 '발언'은 모두가 그 배경에 있는 정치성을 은폐하고 아키히토의 평화의지와 성실한 인간성을 강조함으로써 문제의 본질을 애매하게 만드는 것이었다. 참고로 1990년 5월 노태우 한국대통령의 방일에 즈음해서 아키히토가 '통석(痛惜)의 염(念)'이라는 표현으로 사죄를 표명한 것에 대하여 『니혼게이자이신문』과 한국의 『동아일보』가 공동으로 실시한 여론조사에 의하면 일본의 사죄가 충분하다고 생각한 한국인은 23.5%에 지나지 않으며 70.7%가 '불충분'이라고 답했다.[13]

---

13) 『동아일보』, 1990. 5. 29.

3. 궁내청의 비밀주의

천황의 전쟁 책임을 봉인하는 일본정부의 역할에서 가장 중요한 비중을 차지하는 것은 궁내청이다. 궁내청은 쇼와시대부터 일관해서 황실 관련 정보를 독점하는 비밀주의를 유지하고 천황의 전쟁 책임과 같이 민감한 문제는 철저하게 봉인·은폐해 왔다. 예를 들면 1976년 11월 천황의 재위 50년 기념식전을 계기로 예정된 기자회견을 앞두고 제출된 사전 질문사항에는 다음과 같은 내용이 포함되어 있었다.

- 전쟁을 피하려고 노력했다고 하는데, 그 과정에서 곤란한 일은 무엇이었는가.
- 맥아더 원수와 처음 만났을 때, 전쟁 책임은 모두 자신에게 있다고 말씀하신 사실이 맥아더 원수 회상기에 적혀있는데 그 당시의 심정은?
- 전후 상징이 되었을 때의 감상은?
- 50년 기념식전에 반대하는 목소리에 대해서는 어떻게 생각하는지.

기자들이 이러한 질문사항을 제출한 것은 전후 30년이 지난 시점에서도 여전히 천황과 전쟁의 관계는 불가분의 문제로 인식되고 있었다는 것을 말해준다. 그러나 궁내청은 이에 대하여 "폐하를 역사의 증인으로 취급하고 있다"는 여유로 질문 내용의 변경을 요구했으며 결국 질문 내용은 대폭 변경되지 않을 수 없었다.[14]

또한, 1977년 8월의 회견에서는 천황이 패전 이듬해 정월에 발표한 '인간선언'에 관한 질문에 대하여 천황은 '신격부정은 부차적인 문제'이며 제1의 목적은 메이지 천황의 '5개 조 서문'을 국민들에게 전하는 데 있었다는 취지의 답변을 하여 크게 보도되었다.[15] 이때 천황은 국민을 '적자(赤子)'라고 불렀으나 궁내청에서는 '나의 자식(わが子)'으로 고칠 것을 기자클럽에 요구했다. 대부분 신문에서는 이에 응했지만, 일부 주간지에서는 '적자'라는 표현을 그대로 실었다. 이후 궁내청은 정치적 질문이 많다는 점과 '기자클럽은 신용할 수 없다'는 것을 이유로 1978년 천황의 '희수(喜壽)회견'을 거부했다.[16] 당시 우사미 궁내청 장관은 "내 눈에 흙이 들어가지 않는 한 천황회견은 절대 하지 않겠다"고 완강하게 말했다고 한다. 아마 우사미 장관의 뇌리에 1975년 방미 직후의 기자회견에서 천황의

---

14) 高橋紘, 「天皇会見はもうさせない」(鶴見俊輔ほか編, 『天皇百話』 下, ちくま文庫, 1989, 641~643).

15) 『朝日新聞』, 1977. 8. 24 참조.

16) 앞의 글, 「天皇会見はもうさせない」, 646~647쪽.

전쟁 책임에 관한 발언이 스쳐 지나갔을지도 모른다.

1986년 11월 10일 필리핀의 코라손 아키노 대통령이 방일하여 천황과 회견했을 때도 천황의 전쟁 책임을 봉인하려는 궁내청의 의도가 강하게 작용했다. 이때 천황이 아키노 대통령에게 "제2차 세계대전 중에 일본인이 필리핀인에 대하여 폐를 끼친 것에 대하여 거듭 사과했다"[17]는 내용이 필리핀의 대통령 보도관 베니그노의 입을 통하여 AP통신과 계약관계에 있는 일본 신문사와 통신사에 AP 월드뉴스로 타전되었다. 이에 놀란 궁내청 기자클럽에서는 당시 천황과 아키노 대통령의 회견을 브리핑한 궁내청의 담당 부장을 불러 AP통신의 진위를 둘러싸고 긴급회견을 열었다. 그러나 궁내청에서는 "전쟁에 관한 이야기는 전혀 없었다. … 폐하가 사죄한 일은 전혀 없었다"고 거듭 부정했다. 이튿날 정례 장관회견에서도 도미다 도모히코(富田朝彦) 궁내청장관은 같은 발언을 되풀이했다. 이후 일본 외무성은 주일필리핀 대사관으로 "천황의 회견

---

17) 원문은 「Before Mrs. Aquino conferred with Nakasone, she met privately with 85-year-old Emperor Hirohito, who "kept apologizing for what the Japanese cost the Philippines during World War Ⅱ", Benigno said」로 되어 있다. 필리핀 대통령과의 회견에서의 천황 발언의 진위를 둘러싼 구체적인 경과에 대해서는 橋本明, 「封印された天皇の'お詫び'」(『新潮』1987. 2) 참조.

내용은 공표하지 않는 것이 관례이므로 금후 그러한 일이 없도록 주의를 환기했다"고 한다. 그러나 궁내청도 외무성도 필리핀에 공식 항의를 하지 않았던 것은 천황이 전쟁에 관해서 발언했을 가능성이 있다는 것을 시사한다. 물론 천황의 발언 내용은 자신의 전쟁 책임을 밝힌 것이 아니라 일본의 전쟁 책임을 일본인을 대표해서 사과한 것이었지만 궁내청은 이조차도 봉인하려 한 것이다.

천황의 전쟁 책임을 봉인하는 궁내청의 역할은 '열린 황실'을 표방하는 헤이세이에 들어와서도 변하지 않았다. 1995년 8월에 궁내청이 천황의 기자회견을 열지 않았던 것은 '전후 50년'이 되는 시점에서 또다시 천황의 전쟁 책임에 관한 질문이 나올 것을 우려했기 때문일 것이다.[18] 또한, 2001년에는 기노시타 미치오(木下道雄) 어용괘(御用掛)와 이나다 슈이치(稻田周一) 시종 차장이 쇼와 천황에게 봉정한 것으로 알려진 '성담배청록(聖談拜聽錄)'의 정보공개 요구에 대하여 궁내청은 "천황의 사적인 물건은 정보공개법의 대상이 아니다"[19]는 것을 이유로 공개를 거부했다.

쇼와 천황 사후 측근의 증언과 일기 등이 잇달아 공

---

18) 『朝日新聞』, 1995. 8. 11.
19) 『朝日新聞』, 2001. 12. 14.

개되는 배경에도 황실 관련 정보를 통제하고 관리하는 궁내청의 역할을 간과할 수 없다. 더구나 그 정보 공개에 관한 신문기사의 대부분은 '도쿠가와 시종장 "쇼와"를 말하다 / 천황이 다그쳤지만 도조가 강행했다'[20], '쇼와 천황의 황태자시대 / 유럽방문에서 영국 왕실에 감명 / 측근의 회고록 곧 출간'[21], 'A급 전범 야스쿠니합사 / 쇼와 천황이 불쾌감'[22], '우라베(卜部) 시종 32년간의 일기 / 사라지는 쇼와 천황 극명하게 / 야스쿠니 마음에 들어 하지 않아'[23] 등과 같이 소개하고 있듯이 도조 히데키를 비롯한 'A급 전범'과 천황을 분리하고 천황의 전쟁 책임을 봉인하는데 중점이 놓여있었다.

4. 매스컴의 획일적인 보도자세

천황의 전쟁 책임을 봉인하는 요인으로서 매스컴의 역할도 결코 경시할 수 없다. 매스컴의 영합적인 보도와 천황의 전쟁 책임을 왜소화하는 보도 자세는 각 언론사의

20) 『朝日新聞』, 1995. 8. 11.
21) 『朝日新聞』, 1998. 5. 23.
22) 『日本経済新聞』, 2006. 7. 20.
23) 『朝日新聞』, 2007. 4. 26.

색깔을 구분할 수 없을 정도로 획일적이다. 물론 매스컴이 천황의 전쟁 책임을 전혀 언급하지 않은 것은 아니다. 주요 일간지가 8월 15일의 사설에서 천황의 전쟁 책임을 언급한 것은 『마이니치신문』이 가장 빠른 1989이며 『아사히신문』은 그 12년 후인 2001년, 그리고 『요미우리신문』은 지금까지도 언급하지 않고 있다.[24] 이처럼 극히 작은 예외를 제외하면 천황의 전쟁 책임에 대하여 자사의 의견을 내는 기사는 거의 없으며 대부분이 천황의 전쟁 책임을 둘러싼 논의나 독자들의 투서로 소개하는 정도에 그치고 있다. 더구나 『마이니치신문』과 『아사히신문』이 천황의 전쟁 책임을 언급했다고 해서 그것을 적극적으로 추궁한 것은 아니다. 오히려 『마이니치신문』의 편집부 차장 이와미 다카오(岩見隆夫)는 쇼와의 종언에 즈음해서 나타나는 과잉자숙에 대한 내외의 비판에 대하여 "천황 중태의 긴급사태가 국민의 일대 관심사라는 사실에 이의가 있을 리 없다. 무관심한 사람이 있다고 하더라도 그것은 소수파일 것이다"[25]라고 하여 반대파의 의견을 무시했으며, 『아사히신문』의 편집위원 이시가와 마스미(石川真澄)

---

24) 「新しい世代に育てる'平和'」(『毎日新聞』, 1989. 8. 15), 「終戦記念日・歴史に対する責任とは」(『朝日新聞』, 2001. 8. 15).
25) 岩見隆夫, 「天皇報道批判に答える」(『毎日新聞』1988. 10. 11).

도 "천황의 전쟁 책임은 이론적으로 성립되지 않는다"는 입장을 분명히 했다.[26]

　매스컴의 천황보도에 대한 한계는 나가사키 시장의 천황의 전쟁 책임 발언을 둘러싼 논의에서도 단적으로 나타나고 있다. 1988년 12월 7일 나가사키 시의회에서 모토지마 히토시(本島等) 시장은 쇼와 천황의 전쟁 책임에 관한 의견을 묻는 공산당의원의 질문에 대하여 "내가 실제로 군 생활을 하고, 군대 교육에 관계한 측면에서 천황의 전쟁 책임은 있다고 생각합니다."라고 답변하여 일본열도에 커다란 파문을 불러일으켰다. 나가사키 시장의 발언은 지금까지 애매하게 묻혀있던 천황의 전쟁 책임 문제를 국민적인 범위에서 결착을 볼 수 있는 계기를 가져다주었으나 매스컴은 그 책임을 다하지 못했다. 대부분 신문은 나가사키 시장의 발언을 '언론의 자유'에 관한 문제로 다루고 자사의 입장을 애매하게 한 채로 독자 투서란을 통하여 논의를 소개하는 자세로 시종했다. 특히 NHK는 공영방송으로서의 의무를 완전히 포기했다. 나가사키 시장의 발언에 대하여 NHK 뉴스에서는 일체 보도하지 않았으며 '쇼와의 종언'에 즈음해서도 천황의 전쟁 책임에 관한 뉴

---

26) 石川真澄, 「論証　昭和から平成へ　④戦争責任」(『朝日新聞』, 1989. 1. 12).

스는 단 2회뿐이었다. 천황 관련 뉴스가 홍수처럼 넘치던 당시의 상황에서 보면 그 비율은 겨우 1.16%에 지나지 않았다.[27] 당시 NHK가 천황의 전쟁 책임을 다룬 2편의 뉴스는 다음과 같다.

- 1988. 10. 11(화) NHK 7시 뉴스 두 번째(첫 번째 뉴스는 리쿠르트 의혹 사건) : (천황의 전쟁 책임에 관한) 영국의 신문보도에 대해서 외부성이 항의했을 때 천황을 '원수(元首)'로 표현한 것에 문제가 있다고 사회당 의원이 중의원 내각위원회에서 다그친 것에 대하여 내각 법제국이 "현행 법제로는 '원수'에 관하여 특별히 규정되어 있지 않으며 실제로 국가의 상징이며 외교상으로도 국가를 대표하고 있는 이상 천황폐하를 일본의 원수라고 불러도 지장이 없다"는 견해를 표명했다.(약 30초)

- 1988. 11. 3(목) NHK 7시 뉴스 다섯 번째: 와세다대학에서 천황제를 생각하는 심포지엄(약 10초. 아나운서의 코멘트 없음).

　1989년 1월 7일 천황의 죽음에 대하여 해외의 언론은

---

27) 稲木哲郎, 「天皇報道の内容分析」(『東洋大学社会学部紀要』 27-1, 1990. 3, 110~111쪽).

"신민들로부터 숭배받고 적국으로부터 증오의 대상이 되어 온 마지막 장군의 죽음"[28], "히로히토는 죄를 등에 지고 무덤으로 갔다"[29]는 등의 비판적인 기사가 대부분이었지만 일본의 매스컴은 이를 외면하고 있었다. 매스컴은 오로지 전후 43년간 다루어 오던 '평화주의자' 천황의 이미지를 재생산하면서 역사에 대한 무책임으로 일관했다.

천황의 전쟁 책임을 봉인하는 매스컴의 역할은 2000년대에 들어와서도 계속되고 있다. 2000년 12월 도쿄에서 개최된 '국제여성전범법정'에서의 '히로히토 유죄' 판결에 관한 NHK 특집보도는 정치적 압력으로 봉인되었지만, 주요 일간지도 대부분 이를 축소 보도했다. 또한, 2005년을 전후해서는 '전후 60년'을 배경으로 과거의 전쟁을 총괄하는 갖가지 기획이 주목을 모았지만, 그 내용을 구체적으로 검토해 보면 천황의 전쟁 책임 문제는 명백하게 봉인 내지는 왜소화되고 있었다. 『아사히신문』에서는 2006년 4월부터 이듬해 3월까지 1년간 '역사에 마주 대한다'[30]는

---

28) *Dairy Mirror*, 7, Jan. 1989.
29) *Sunday Telegraph*, 8, Jan. 1989.
30) 2006년 4월 30일부터 2007년 3월 1일까지 6부로 나누어 연재. 이후 1부부터 3부까지는 『戰爭責任と追悼』(2006년), 4부부터 6부까지는 『過去の克服と愛国心』(2007년)이라는 제목으로 아사히신문사에서 단행본 출판되었다.

주제의 기획물을 연재했지만, 그 가운데 천황의 전쟁 책임을 다룬 것은 극히 일부에 지나지 않는다. 그 내용을 보면 일본 현대사에서의 연구 성과는 거의 반영되지 않고 있었다. 기껏 소개하고 있는 것은 천황 퇴위를 둘러싼 논의와 1975년 기자회견에서의 천황의 전쟁 책임과 원폭투하에 대한 답변의 내용이며, 마지막에는 천황의 죽음에 즈음해서 해외 각지의 비판적인 논조를 1쪽의 분량으로 간단하게 소개하고 있을 뿐이었다.

5. 『요미우리신문』의 '검증·전쟁 책임'

『요미우리신문』에서는 『아사히신문』에 앞서 2005년 8월부터 주필 와타나베 츠네오(渡辺恒雄)의 주도로 '전쟁 책임검증위원회'라는 프로젝트팀을 설치하여 이듬해 8월까지 '검증·전쟁 책임'이라는 기획물을 연재[31]했지만 결국은 천황의 전쟁 책임을 봉인하는 결정판이 되었다. 기획의 목적에 관해서는 서두에서 다음의 5가지 테마에 대한 검증을 통하여 과거의 전쟁에서 정치, 군사지도자들의

---

31) 読売'新聞戦争責任検証委員会編, 『検証·戦'争責任』Ⅰ·Ⅱ, 中央公論新社, 2006.

책임을 밝히는 것"[32]이라고 명기하고 있다.

1. 왜 만주사변은 중일전쟁으로 확대되어 갔는가.
2. 승산도 없이 미국과의 전쟁을 강행한 이유는 무엇인가.
3. 옥쇄, 특공을 낳은 것은 무엇 때문인가.
4. 미국에 의한 원폭투하는 피할 수 없었는가.
5. 도쿄재판에서 남은 문제는 무엇인가.

이상의 5가지 테마만 보더라도 알 수 있지만, 그 내용을 보면 의도적으로 천황의 전쟁 책임 문제를 배제하고 있는 것은 명백하다. 특히 기획을 마무리하는 후반부의 제6장 '쇼와 전쟁의 책임을 총괄한다'와 제7장의 '쇼와 전쟁 최종보고서'는 그 압권이다. 제6장과 제7장의 소주제를 순차적으로 보면 다음과 같다.

제6장
▶ 만주사변~종전의 14년간
▶ 만주사변 / 전화(戰火)의 문을 연 이시하라(石原), 이타가키(板垣)
▶ 일중 전쟁 / 고노에(近衛), 히로다(広田) 대책 없이 진흙탕 돌입

---

32) 위의 책, 331쪽.

- ▶ 삼국동맹·남진(南進) / 마츠오카(松岡), 오도리(大鳥) 외교 미스리드
- ▶ 미일개전 / 도죠(東条) "비전(非戰)의 맹아" 매장해 버리다
- ▶ 전쟁 계속 / 연전연패를 "무시"한 도죠(東条), 고이소(小磯)
- ▶ 특공(特攻)·옥쇄(玉碎)의 "죽음"을 강요한 오니시(大西), 무다구치(牟田口)
- ▶ 본토결전 / 아난(阿南), 우메즈(梅津) 철저결전을 고집
- ▶ 원폭·소련 참전 / 도고(東郷) "화평"으로 시간 낭비

제7장
- ▶ 천황, 입헌제의 틀을 준수
- ▶ 도죠 전 수상에게 최대의 책임 / 국제 감각 없이 개전
- ▶ 고노에, 군부의 독주를 허용
- ▶ 히로다(広田), 마츠오카(松岡), 스기야마(杉山), 나가노(長野), 고이소(小磯) 등 지도층의 잇따른 오판
- ▶ 폭주·군 관료에게도 책임
- ▶ 화평의 노력도 존재 / 기도(木戸), 스즈키(鈴木貫太郎), 도고(東郷), 요나이(米内) 등
- ▶ 미·소의 책임

이상과 같이 요미우리신문의 연재 기획은 명백히 천황의 전쟁 책임을 봉인하고 모든 책임을 도죠를 비롯한 'A급 전범'과 군부, 특히 육군에 전가하는데 중점이 놓여 있었다. 더구나 기획의 후기에서 "전쟁을 모르는 세대에게

는 실로 교과서", "용기를 가지고 임해주기 바란다"는 등
독자들의 투서를 소개함과 동시에 "독자로부터 커다란 반
향을 불러일으켰다"[33]고 자화자찬하고 있듯이 요미우리
의 역사인식이 그대로 일반 독자들의 상식적인 수준의 역
사인식에 영향을 미치고 있다는 점에 심각한 문제가 있는
것이다.

6. 천황·천황제 비판을 압살하는 우익

매스컴의 천황보도에 대한 문제점은 스스로 내포하
고 있는 한계뿐만 아니라 우익의 항의, 협박, 테러도 중요
한 요인으로 작용하고 있다고 할 수 있다. 매스컴이 천황
의 전쟁 책임을 다룰 때 그것이 치명적인 결과를 초래할
수도 있다는 사실을 각오하지 않으면 안 된다. 천황, 천황
제 비판에 대한 우익의 테러와 협박은 언론·표현의 자유
를 가로막는 중요한 요인으로 기능하고 있는 것이다. 전
후 우익이 황실에 대한 '불경'을 이유로 테러를 일으킨 최
초의 사건은 1956년 나카노 마사오(中野雅夫)의 소설 『3

---

33) 위의 책, 332쪽.

인의 방화자』(치쿠마서점)에 대해서였다. 우익은 이 소설이 황후에 대한 '불경'이라는 이유로 저자를 습격하여 1개월의 중상을 입혔다. 이듬해 1957년에는 영화 〈고독한 사람〉과 〈메이지 천황과 일러 전쟁〉이 황실을 돈벌이로 이용한다는 이유로 우익의 항의를 받았다. 이러한 우익의 행동이 세간의 이목을 집중시키고 천황제 터부를 한층 강화하는 결과를 가져온 결정적인 계기는 1960년의 이른바 '풍류몽담' 사건이었다. 우익은 월간지 『쥬오고론(中央公論)』에 게재한 후카자와 시치로(深沢七郎)의 소설 「풍류몽담」이 황실을 모욕했다는 것을 이유로 격렬하게 항의하여 작가는 방랑생활을 하지 않을 수 없게 되었으나 일은 여기서 그치지 않았다. 끝내 우익청년이 쥬오고론사 사장댁을 습격하여 가정부가 사망하고 사장 부인이 부상을 입었다.

이 후에도 1973년에는 이노우에 기요시의 『천황의 전쟁 책임』을 출판한 도쿄대학출판부에 절판을 요구하거나, 기리야마 가사네(桐山襲)의 소설 「빨치산 전설」(『분게이(文芸)』, 1983년 10월)이 우익의 항의로 단행본 출판을 중지하는 등 표현의 자유가 현저하게 훼손되었다. 이러한 우익의 항의 행동은 '쇼와의 종언'에 즈음해서 절정에 달했다. 1988년 10월 시즈오카현 부인회관에서는 '천황제를 생각하는 시민연락회의'가 열릴 예정이었지만 "우익이 들이닥쳐 혼란이 발생할 가능성이 있다"는 이유로 장소 사용 예약이 취소되었다.[34] 이처럼 우익의 항의를 우려하여 자주적으로 천황제 비판 집회의 개최나 광고 개제를 거부한 사례는 적지 않다. 『도쿄신문』이 논픽션 작가 다나카 노부마사(田中伸尚)의 『다큐멘트 쇼와 천황』의 서적 광고를 "천황의 전쟁 책임을 추궁하는 출판물 광고는 게재할 수 없다"는 이유로 거부한 것도 그 예이다. 우익은 천황의 병상을 상세하게 보도하는 언론에 대해서도 그것이 '불경'에 해당한다고 판단하고 폭력적인 행위로 이를 억압하려 했다. 1988년 10월 18일 아사히신문의 미도(水戶) 지국에 발연통이 날아 들어와 현관 유리창이 파손되는 사건이 있었는데 우익의 범인은 천황의 병상을 상세하게 보도하여 각 방면에 혼란을 초래하고 있다는 삐라를 소지하고 있었다.[35]

과잉자숙과 우익의 행동은 과연 천황제란 무엇인가 하는 의문을 던지게 하고 전국 각지에서 천황제를 생각하는 집회가 열렸으나 이에 대하여 우익은 전화, 엽서, 편지, 팩스 등 갖가지 수단을 동원하여 위압적인 협박을 되풀이

---

34) 『朝日新聞』, 1988. 10. 10.
35) 『朝日新聞』, 1988. 10. 18.

하고 천황의 전쟁 책임을 추구하는 목소리를 압살하려 했다. 이러한 사회적 분위기 속에서 세간의 이목을 집중시킨 것이 1988년 12월 모토지마 나가사키 시장의 천황의 전쟁 책임에 관한 발언이었다. 전국의 우익단체가 나가사키시에 집결하여 연일 항의운동을 펼쳤으며 나가사키 시장에게는 실탄이 든 협장장이 우송되기도 했다. 우익의 협박에 시달리던 나가사키 시장은 끝내 우익의 총격을 받았지만 구사일생으로 생명을 건졌다.

우익의 행동은 미국의『워싱턴포스트』가 '천황을 둘러싼 논의가 억압받는 일본'[36]이라고 보도했듯이 천황 비판과 천황의 전쟁 책임을 언급하는 데는 우익의 협박을 견딜 수 있는 용기가 필요했다. 『아사히신문』의 독자란에 실린 다음의 투서는 이러한 현실의 단면을 말해주고 있다.

　"천황에게 전쟁 책임이 있다고 발언한 나가사키 시장에 대하여……우익의 협박이 시작되었다고 합니다. 자숙현상이 이렇게 확산한 것은 누구라도 우익의 괴롭힘에 말려들고 싶지 않다고 남몰래 생각하고 있기 때문이 아닐까요. 천황의 전쟁 책임에 대하여 젊은이들은 그다지 관심이 없어 보

---

36)『朝日新聞』, 1989. 1. 20.

이지만 전쟁을 알고 있는 세대에는 책임이 전혀 없다고는 도저히 생각할 수 없습니다. 말하지 않고 입을 다물고 있을 뿐입니다."[37]

우익의 행동은 천황의 전쟁 책임을 국민적인 범위로 논의할 기회를 현저하게 저해하는 역할을 했으며 헤이세이 이후에도 잠재적으로 작용하고 있다.

이상과 같이 아키히토 천황, 일본정부, 궁내청, 매스컴, 우익 등의 역할이 복합적으로 상호작용하면서 천황의 전쟁 책임에 대한 의식화를 가로막는 요인으로 기능하고 있다. 더구나 헤이세이 이후에는 천황제를 평화주의와 결부시키는 기억의 조작에 더하여 국민을 '치유'하는 인자한 천황이라는 또 하나의 신화에 의해 천황의 전쟁 책임 문제는 더욱더 망각의 피안으로 사라지고 있다. 다만, 여기서 주목해야 할 것은 2005년의 '쇼와 기념관' 건립과 국민의 축일인 4월 29일 '녹색의 날'을 천황의 탄생일이라는 이유로 2007년부터 '쇼와의 날'로 명칭 변경한 점에서 알 수 있듯이 그것은 단순한 봉인과 망각이 아니라, 쇼와 천황의 미화와 동시에 진행하고 있다는 점이다. 그리고 2011년 '3.11' 이후 재해지역을 방문하여 재해민을 '치유'하는

---

37) 『朝日新聞』, 1988. 12. 20. 声, 주부, 56세.

자애롭고 인자한 천황상, 부흥의 상징으로서의 천황상이 새롭게 정착하는 가운데 천황의 전쟁 책임을 묻는 그 자체가 무의미한 것으로 인식되어 가고 있는 것이다.

제6장
봉인·망각과 왜곡·미화의 딜레마

● 천황의 전쟁 책임 문제가 분출할 때마다
● 실시했던 여론조사에서도 알 수 있듯이
  반 이상의 국민이 어떤 형태로든 천황에
  게 전쟁 책임이 있다고 생각하고 있는
  것은 분명하다. 그럼에도 불구하고 이
  문제가 논의의 대상에서 멀어지고 있는
  배경에는 패전부터 현재에 이르기까지
  일관해서 봉인·망각과 동시에 왜곡·
  미화가 되풀이되어 왔기 때문이다. 아마
  도 천황제를 지키고 유지하기 위한 역사
  의 조작은 앞으로도 계속될 것이다.

봉인·망각과 왜곡·미화의 딜레마

전후 일본에서 천황의 전쟁 책임 문제가 분출한 것은 크게 4차례의 계기가 있었다. 첫 번째 계기는 패전 직후부터 도쿄재판이 진행되는 과정에서 분출되었다. 그러나 천황의 전쟁 책임을 봉인하는 갖가지 시도로 국민적 범위로 논의되지 않고 잊혀갔다. 두 번째 계기는 일시적인 잠복기를 거쳐 1971년 천황의 유럽방문을 계기로 분출되었다. 그러나 당시 천황의 방문에 반대하는 유럽에서의 실상은 국내에서의 대대적인 '성공' 캠페인에 의해 가려져 버렸다. 세 번째는 천황의 미국방문 직후 열린 기자회견이 계기가 되었다. 그러나 여기서도 천황의 발언이 가지는 문제의 심각성에도 불구하고 천황의 전쟁 책임은 봉인되었다. 마지막으로 '쇼와의 종언'은 천황의 선생 책임 문세에 매듭을 지을 수 있는 절호의 기회였다. 천황제의 찬반에 관한 논의가 이때만큼 활발하고 광범위하게 전개된 적은 단 한 번도 없었다. 그럼에도 불구하고 천황의 전쟁 책임 문제에 관한 논의는 더 이상 심화하지 않고 천황 미화의 대대적인 캠페인 속에 매몰되어 갔다. 해외에서의 비판은 차단되고 나가사키 시장의 발언은 오로지 '언론의 자유'라는 측면에서 다루어져 문제의 본질을 피해 갔다. 천황의 전쟁 책임 문제는 이처럼 수차례의 계기에도 불구하고 정면에서 국민적인 차원에서 폭넓게 논의되는 일 없이 망각이 진행되고 있다.

천황의 전쟁 책임 문제가 분출할 때마다 실시했던 여론조사에서도 알 수 있듯이 반 이상의 국민이 어떤 형태로든 천황에게 전쟁 책임이 있다고 생각하고 있는 것은 분명하다. 그럼에도 불구하고 이 문제가 논의의 대상에서 멀어지고 있는 배경에는 패전부터 현재에 이르기까지 일관해서 봉인 · 망각과 동시에 왜곡 · 미화가 되풀이되어 왔기 때문이다. 아마도 천황제를 지키고 유지하기 위한 역사의 조작은 앞으로도 계속될 것이다. 아니면 앞으로 예상되는 '헤이세이의 종언'에서 더욱 심화할지도 모른다. 이처럼 천황의 전쟁 책임에 대한 봉인 · 망각과 왜곡 · 미화가 계속되는 한 아시아 근린국가와의 역사인식을 둘러 싼 문제의 근본적인 극복은 기대하기 어렵다. 그것은 천황의 전쟁 책임 문제가 일본의 전쟁 책임 문제에서도 가장 핵심적인 부분을 차지하고 있기 때문이다. 따라서 아무리 일본정부가 침략전쟁을 인정하고 가해 책임에 대하여 사죄와 반성을 표명해도 천황의 전쟁 책임을 봉인하고 왜곡하는 한 그것은 어디까지나 불완전한 전쟁 책임의 청산이며 애매한 역사인식이 될 수밖에 없다.

특히 근대일본의 침략전쟁은 근대천황제라는 시스템과 분리해서 말할 수 없으며 그 시스템이 있었기에 쇼와 천황의 전쟁지도, 전쟁관여가 가능했던 것이다. 이처럼 밀접불가분의 관계에 있는 천황과 전쟁 책임과의 관계를 분리하여 봉인하고 망각하려는 움직임은 2000년대에 들어와 더욱 주도면밀하게 진행되고 있는 것으로 보인다. 그 결과 천황뿐만 아니라 언론의 책임, 국민의 책임을 포함한 전쟁 책임에 대한 보다 심화된 논의를 포기하고 모든 책임을 군부와 'A급 전범'에게 전가하여 애초 밀접한 관계에 있던 천황과 야스쿠니신사와의 관계까지도 분리해 버리는 아이러니한 현상조차 나타나기 시작했다.

그러나 천황과 'A급 전범'을 분리하는 논리에도 딜레마가 있다. 그것은 곧 쇼와 천황을 'A급 전범'이 합사된 야스쿠니신사와 분리하는 봉인·망각의 입장과 천황이 거리를 두고 싶어 하는 'A급 전범'을 비롯한 야스쿠니의 제신들을 '순국의 영령'으로 상찬하고 천황의 야스쿠니신사 참배를 요구하는 왜곡·미화의 입장과의 모순이다. 원래 두 입장의 본심은 과거의 침략전쟁을 정당화한다는 점에서 같을 터이다. 그러나 전자는 천황의 전쟁 책임을 봉인하기 위해서는 'A급 전범'을 천황과 분리하여 희생시키지 않을 수 없게 된다. 한편, 후자는 천황이 직접 야스쿠니신사에 참배해야 '순국 영령'에 대한 진정한 '위령'이 된다고 주장하면서 침략전쟁을 미화하고 있다. 그러나 만약 천황이 직접 참배하게 된다면 애써 분리한 천황과 전쟁 책임의 관계가 또다시 분출될 가능성이 있다. 2006년 공개된 '도미다메모'는 바로 천황과 'A급 전범'의 사이를 단절하여 천황의 전쟁 책임을 봉인하고 평화주의자로 미화하기 위한 것이었다. 그런 점에서 볼 때 'A급 전범'은 도쿄재판에서 처형되고 60여 년이 지난 지금까지도 자신들을 희생하면서 천황을 지키는 '충신'의 역할을 다하고 있는 셈이 된다.

전후 일본에서 일상적으로 제시되는 상징천황제와 쇼와 천황, 아키히토에 관한 개개의 정보는 지극히 당연한 것들이며 조금이라도 관심이 있는 사람이라면 쉽게 예상할 수 있는 정형화된 내용이 대부분이다. 예를 들면 신년하례식이나 매년 봄, 가을 두 차례 황궁에서 열리는 원유회에서의 천황의 '말씀(오고토바)', 재해지역을 방문하여 재해민을 위로하는 언행, 그리고 정례적인 기자회견에서의 천황의 발언 등이 그것이다. 물론 구체적인 내용은 그때그때 정황에 따라 다를 수 있지만 언제나 판에 박은 듯이 되풀이되는 것은 '인류의 평화'와 '국민의 행복'을 기원한다는 것이다. 그럼에도 불구하고 그것이 마치 매우 중요한 의미를 가지는 것처럼 다루어지고 또한 받아들여지고 있는 점에 천황, 천황제를 둘러싼 정보조작, 정치조작의 테크놀로지가 있다. 그러한 가면은 개개의 정보를 좀 더 넓은 역사적인 문맥에서 조망해 볼 때 비로소 그 윤곽이 보다 선명하게 드러난다. 즉 그 모든 것이 실은 천황제를 안정적으로 존속, 유지하기 위한 장치이자 시도이며 그 가운데 천황의 전쟁 책임을 봉인하는 것은 가장 중요한 과제의 하나라는 것을 알 수 있는 것이다. 마지막으로 천황의 전쟁 책임에 대한 일본인의 진솔한 목소리에 한 가닥 희망을 걸면서 결론에 대신하고자 한다.

쇼와 16년(1941) 12월에 징병되어 필리핀의 레이테 섬 반대편에서 상륙했다. 일본 병사의 시신이 곳곳에 방치되어 악취가 사방에 넘치고 있었다. 매일같이 밤이 뇌년 '천황폐하 만세!'를 외치면서 집단 자살하는 환경 속에서 간신히 구사일생으로 생환했다.

저 전쟁은 도대체 무엇을 위한 것이었나. 천황의 이름으로 연합국에 선전포고하여 개시된 것은 일본인이라면 다 아는 사실이다. 천황의 사병(私兵)이 아시아 각지를 침략한 것이며 천황은 결코 평화주의자가 아니라는 사실은 역사가 증명하고 있다. 그런데도 또 다시 역사를 왜곡하려는 것은 결코 용납할 수 없다.[1]

무라야마 수상은 종전기념일의 수상담화에서 일본의 침략과 식민지 지배에 대한 '반성과 사과'를 표명했지만 천황의 전쟁 책임은 묻지 않는다고 했다. 무라야마 정권의 한계를 나타내는 것이다.

일본인이 전쟁 책임을 흐지부지해 온 것은 본지(本紙)의 '전후 50년 에필로그'에서 이노우에 히사시(井上ひさし) 씨가 지적하고 있듯이 천황이 책임을 지지 않은 것에 그 근원이 있다.

천황이 전쟁 책임에 면죄부를 받고 천황제가 남은 것은 연합국 측의 정책이었다. 그러나 천황에게 누구보다도 무거운 전쟁 책임이 있었다는 사실은 초등학생이라도 알 수 있는 이치다. 전후 50년, 메디아는 태평양전쟁에 관하여

1) 『朝日新聞』, 声, 1988. 12. 8, 출판사사장, 68세.

갖가지 기획을 해 왔지만 천황의 전쟁 책임은 제대로 다룬 것은 예외적인 경우를 제외하면 거의 없다. 생각해 보면 이것보다 이상한 일은 없다.

쇼와 천황의 전쟁 책임을 불문에 붙이는 한 현천황이 히로시마와 오키나와를 방문해도 의미가 없다. 천황의 전쟁 책임을 묻는 것은 우리 자신의 문제이기도 하다. 우리는 스스로의 책임으로 이 문제를 정면에서 임하고 주권재민의 현행헌법 제1장이 '천황'으로 되어 있는 것이 가지는 의미를 깊이 생각할 필요가 있다.[2]

---

2) 『朝日新聞』, 声, 1995. 8. 19, 단체임원, 61세.

참고문헌

참고문헌 ─────────────────────────────

1. 자료

日本世論調査研究所『世論調査レポート』第21号, 1948.

「資料集成・象徴天皇制2/完」『ジュリスト』938号, 1989. 7

内閣総理大臣官房広報室編, 『世論調査年鑑－全国世論調査現況』, 総理部, 1989~1990.

朝日新聞社編, 『朝日新聞全国・地方版全記録・昭和天皇報道－崩御までの110日ー』, 朝日新聞社, 1989.

鶴見俊輔ほか編『天皇百話』下, ちくま文庫, 1989.

『読売新聞』, 『毎日新聞』, 『朝日新聞』

2. 논문

斎藤道一, 「世論調査にみる天皇観」(『現代の目』, 1966. 2).

丸山真男, 「戦争責任論の盲点」(『戦中と戦後の間ー1936~1957ー』みすず書房, 1976).

高橋紘, 「人間天皇演出者の系譜」(『法学セミナー 増刊合特集シリーズ』, 1986. 5).

荻野富士夫, 「学生の「天皇戦争責任」観」(『歴史地理教育』447, 1989).

山田敬男, 「新聞報道における天皇キャンペーンの特徴と問題点」(『歴史評論』466, 1989. 2)

稲木哲郎, 「天皇報道の内容分析」(『東洋大学社会学部紀要』27-1, 1990. 3).

安田常雄, 「象徴天皇制と民衆意識-その思想的連関を中心に-」(『歴史学研究』621, 1991. 7).

吉見義明, 「占領期日本の民衆意識」(『思想』811, 1992. 1).

河原宏, 「天皇・戦争指導層および民衆の戦争責任」(『社会科学討究』113, 1993. 8).

亀ヶ谷雅彦, 「自粛現象の社会心理」(『学習院大学大学院政治科学研究科政治学論集』第6号, 1993. 3).

川島高峰,「日本の敗戦と民衆意識」(『年報日本現代史』創刊号, 1995).

北河賢三,「民衆にとって敗戦」(中村政則ほか編,『戦後思想と社会意識』岩波書店, 1995).

栗原彬,「大衆の敗戦意識」(中村政則ほか編,『戦後思想と社会意識』岩波書店, 1995).

川島高峰,「世論調査事始」(『メディア史研究』2, 1995. 2).

田中伸尚「敗戦50年と新聞の歴史認識」(『総合ジャーナリズム研究』154, 1995).

吉田裕,「閉塞するナショナリズム」(『世界』, 1997. 4).

佐道明広,「皇室外交にみる皇室と政治－日本外交における'象徴'の意味－」(『年報近代日本研究』20号, 1998).

田中伸尚「ドキュメント明仁天皇の10年－儀礼に吸収される戦争責任－」(『週刊金曜日』256号, 1999. 2. 26).

石田雄,「戦争責任論50年の変遷と今日的課題」(『記憶と忘却の政治学』, 明石書店, 2000).

赤沢史朗,「戦後日本の戦争責任論の動向」(『立命館法学』274호, 2000. 6).

吉田裕,「昭和天皇と戦争責任」(網野善彦ほか編,『天皇と王権を考える』1, 岩波書店, 2002).

_____,「昭和天皇の戦争責任をめぐって－成果と確認と歴史家としての反省」(『季刊運動〈経験〉』, 10号, 2003).

富永望,「1948年における昭和天皇の退位問題」(『日本史研究』485, 2003).

後藤致人,「象徴天皇制と戦後社会」(『歴史評論』670, 2006).

박진우「한국에서 본 야스쿠니 문제」(『일본역사연구』제30집, 2009.12).

3. 단행본
小林直樹,『日本における憲法動態の分析』, 岩波書店, 1963.

井上清,『天皇の戦争責任』現代評論社, 1975.

荒井信一,『現代史におけるアジア－帝国主義と日本の戦争責任－』, 青木書店, 1977.

武田清子, 『天皇観相克―1945年前後―』, 岩波書店, 1978.

藤原彰, 『天皇制と軍隊』青木書店, 1978.

高橋紘・鈴木邦彦, 『天皇家の密使たち―秘録・占領と皇室』, 徳間
　　　書店, 1981

藤原彰・伊藤悟・功刀俊洋・吉田裕, 『天皇の昭和史』, 新日本新書,
　　　1984.

田中伸尚, 『ドキュメント昭和天皇』, 全8巻, 緑風出版, 1984~1992.

家永三郎, 『戦争責任』, 岩波書店, 1985.

大沼保昭, 『東京裁判から戦争責任の思想へ』, 有信堂, 1985.

岸田英夫, 『天皇と侍従長』, 朝日文庫, 1986.

西平重喜, 『世論調査による同時代史』, プレース出版, 1987.

アジア民衆法廷準備会編, 『海外紙誌に見る天皇報道』 1, 2, 3권,
　　　凱風社、1988~1989.

井上清, 『昭和天皇の戦争責任』, 明石書店, 1989.

中村政則, 『象徴天皇制への道』, 岩波書店, 1989.

朝日ジャーナル編, 『昭和の終焉』, 朝日新聞社, 1989.

岩波新書編集部編, 『昭和の終焉』, 岩波書店, 1990.

千本秀樹, 『天皇制の侵略責任と戦後責任』, 青木書店, 1990.

山田朗, 『昭和天皇の戦争指導』, 昭和出版社, 1990.

藤原彰, 『昭和天皇の15年戦争』, 青木書店, 1991.

藤原彰ほか, 『徹底検証・昭和天皇「独白録」』, 大月書店, 1991.

栗原彬・杉山光信・吉見俊哉, 『記録・天皇の死』, 筑摩書房, 1992.

吉田裕, 『昭和天皇の終戦史』, 岩波書店, 1992.

山田朗, 『大元帥・昭和天皇』, 新日本出版社, 1994.

ノーマ・フィルド, 『天皇の逝く国で』, みすず書房, 1994.

粟屋憲太郎, 『未完の戦争責任』, 柏書房, 1994.

＿＿＿＿＿,『東京裁判への道』, NHK出版, 1994.

荒敬, 『日本占領史研究序説』, 柏書房, 1994.

吉田裕, 『現代歴史学と戦争責任』, 青木書店, 1997,

東野真, 『昭和天皇　二つの独白録』, NHK出版, 1998.

升味準之輔, 『昭和天皇とその時代』, 山川出版社, 1998.

安田浩, 『天皇の政治史』, 青木書店, 1998.

ハーバート・ビックス著・岡部牧夫・川島高峰訳, 『昭和天皇』 上・
　　　　下, 講談社, 2002.

ケネス・ルオフ, 『国民の天皇－戦後日本の民主主義と天皇制－』,
　　　　共同通信社, 2003.

ジョン・ダワー, 『敗北を抱きしめて』上・下, 岩波書店, 2003.

纐纈厚, 『「聖断」虚構と昭和天皇』, 新日本出版社, 2006.

纐纈厚・山田朗, 『遅すぎた聖断－昭和天皇の戦争指導と戦争責
　　　　任』, 昭和出版, 2006.

読売新聞戦争責任検証委員会編, 『検証・戦争責任』Ⅰ・Ⅱ, 中央公
　　　　論新社, 2006.

朝日新聞取材班, 『戦争責任と追悼』朝日新聞社, 2006.

　　　　　　　　, 『過去の克服と愛国心』朝日新聞社, 2007.

佐藤卓己, 『輿論と世論──日本的民意の系譜学』, 新潮社, 2008.

저 자 ▌ 박진우

계명대학교 사학과를 졸업. 일본 츠쿠바대학 지역연구과 석사과정 수료. 히도츠바시대학 사회학연구과 박사과정 수료. 영산대학교 국제학부를 거쳐 현재 숙명여자대학교 일본학과 교수.

저서로는 『근대일본 형성기의 국가와 민중』(제이앤씨, 2004), 『21세기 천황제와 일본』(논형, 2006), 『함께 읽는 동아시아 근현대사』(공저, 창비, 2011) 등이 있다.

IJS 서울대학교 일본연구소
Reading Japan **11**

천황의 전쟁 책임
봉인·망각과 왜곡·미화의 역사인식

초판1쇄발행	2013년 11월 15일
초판2쇄발행	2014년 12월 01일

기　　획	서울대학교 일본연구소
저　　자	박진우
발 행 처	제이앤씨
발 행 인	윤석현
등　　록	제7-220호

주　　소	서울시 도봉구 쌍문동 358-4 3F
전　　화	(02)992-3253(대)
전　　송	(02)991-1285
책임편집	김선은
전자우편	jncbook@hanmail.net
홈페이지	http://www.jncbms.co.kr

ⓒ 서울대학교 일본연구소, 2014. Printed in KOREA.

ISBN 978-89-5668-984-5 03910　　　　　**정가** 8,000원